アサヒビールの ズバうま！ おつまみ

Osusume →

家のみが楽しくなる 185品

JN033050

ⓘ池田書店

家のみを「ズバリうまい!」おつまみと楽しもう。

1 お店でメニューを決める気分で、おつまみレシピを選べます。

1章 お通し | 2章 一品もの | 3章 お食事 ＋ 4章 作り置き

2 おつまみに合うお酒の紹介(お酒のグラスアイコン)と、
そのレシピをさらに発展させる「グレードUP」や「アレンジ」も紹介。

家のみ アレンジ　家のみ グレードUP

3 各章の最後にある「家のみコラム」では、
お酒の飲み方など、「家のみ」をさらに楽しむ方法を紹介。

家のみコラム

本書で紹介するレシピは、すべてアサヒビールのwebサイト
「ズバうま!おつまみレシピ」より、「家のみ」が楽しくなる人気
のおつまみを、とも子さん※と編集部で厳選しました!

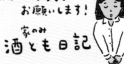

よろしく
お願いします!
家のみ
酒とも日記

※とも子さん
同サイト内のコラム「家のみ酒とも日記」の著者。
本書ではナビゲーターとして登場します。

とも子

※本書内の情報は2020年11月時点のものです。商品およびデザイン、webサイトやSNSの情報は変更となる可能性があります。
※飲酒は20歳になってから。飲酒運転は法律で禁止されています。

アサヒビールWebサイト ズバうま！おつまみレシピを紹介

" お酒と一緒に「食」を楽しむ" をテーマに2005年にスタート。気軽に楽しめる簡単なおつまみレシピを中心に、居酒屋風や本格的なレストラン風レシピなど、約2,600レシピを紹介しています。また、アサヒパーク会員に登録していただくと、限定キャンペーンに応募できる「うまい！ゴールド」をためられるほか、お気に入りのレシピをストックできる「MYレシピ帳」もご利用いただけてとっても便利です。

アサヒパークはこちら
https://www.asahibeer.co.jp/s/r-park/

おつまみや飲み方レシピ情報も発信中 アサヒビールのSNSを紹介

Instagram		「家のみ」をステキに演出するおつまみや、お酒の飲み方を写真で紹介。
LINE		お買い物時にお得な、アサヒビールのキャンペーン情報を紹介。
Twitter①		楽しいキャンペーン情報と、お酒に合う簡単おつまみレシピを紹介。
Twitter②		ウイスキー好きは見逃せない！ ウイスキーの楽しみ方やおつまみレシピを紹介。

フォローしてね！

アサヒビールのSNSはこちら
https://www.asahibeer.co.jp/s/r-sns/

contents

家のみを「ズバリうまい！」おつまみと
楽しもう。 2
本書の見方 8

1章
手っ取り早く "お通し"

グレードアップゆで卵 10
ししとうとチーズの生ハム巻き 12
ねぎチャーシュー 13
お手軽ポーク卵 14
サラミりんごカナッペ 15
こんがりコンビーフ 16
ゴーヤのツナ和え 17
きゅうりのツナマヨネーズ
キムチのっけ 18
ちぎりはんぺんときゅうりの
たっぷり薬味のせ 19
コールスロー 20
おつまみキャベツ 21
小松菜とカッテージチーズの
柚子こしょう和え 22
新玉ねぎのまるごとレンチン 23

枝豆のツナ和え 24
豆苗とちくわのマスタードマヨネーズ和え 25

のりづくし 厳選22 26

きゅうりとベーコンのサラダ
大葉タルタルかけ 28
塩昆布クリチ団子 30
クリームチーズのカリカリおつまみ 31
いか刺しの梅みそ和え 32
サーモンとアボカドのポキ 33
たこパセリ 34
かつおと豆もやしの韓国風和えもの 35
キムチいか納豆 36
ミニトマトといかの塩辛和え 37
かまぼこの梅とろろ昆布カナッペ 38
ちくわチップス 39
はんぺんのチーズと明太子焼き 40
たことアボカドのキムチ和え 41
ピリ辛じゃこカナッペ 42
さば缶の中華風 43
焼きオイルサーディン 44
モッツァレラチーズの焼きみそのせ 45

盛り上げレシピ **ユッケ編** 46

家のみコラム
ビールのアレンジを楽しもう！ 48

2章
お酒と好相性の "一品もの"

簡単スペアリブ ———————— 50
かきのベーコン巻き ———————— 52
豚巻きミニトマトの
バルサミコソースがけ ———————— 53
豚バラと大根のコクうま炒め ———————— 54
新しょうがの肉巻き ———————— 55
簡単・もやしの豚玉蒸し ———————— 56
スタミナおつまみトンテキ ———————— 57
豚じゃがみそクリーム ———————— 58
焼き手羽先のポン酢浸し ———————— 59
ゴロゴロつくねローズマリー風味 ———————— 60
鶏むね肉のみそマーマレード焼き ———————— 61
砂肝のにんにくとクミン
ピリ辛炒め ———————— 62
チキンのドレッシングマリネ焼き ———————— 63
牛肉のビール煮 ———————— 64
牛すじ大根の黒こしょう風味 ———————— 65
ひとくちキャベツメンチ ———————— 66
コンビーフのピカタ ———————— 67

豆腐づくし 厳選22 ———————— 68

長いもとベーコンのカレー炒め ———————— 70
大和いものお好み焼き ———————— 72
新じゃがのみそグリル ———————— 73
アボカドゴルゴンゾーラ焼き ———————— 74
クレソンとポテトの粒マスタード炒め ——— 75
きのこのXO醤炒め ———————— 76
えのきの明太バター炒め ———————— 77
厚揚げと高菜のナンプラー炒め ———————— 78
こんにゃくキムチ炒め ———————— 79
空豆のにんにくじょうゆ炒め ———————— 80
れんこんの青のり七味 ———————— 81
ごぼうのバターソテー
ブラックペッパーとレモンの風味 ——— 82
ねぎと白菜のみそグラタン ———————— 83
ズッキーニのマヨコンビーフボード ———————— 84
さつまいものスパイシーフライ ———————— 85

ちくわづくし 厳選22 ———————— 86

マッシュルームとベーコンの
アヒージョ ———————— 88
さば缶と長ねぎのアヒージョ ———————— 90
簡単チーズタッカルビ ———————— 91
鶏肉と長ねぎの簡単すき煮 ———————— 92
からふとししゃものガーリックソテー ——— 93
オイルサーディンとオリーブの
チーズ焼き ———————— 94

ほたるいかのバターじょうゆ炒め —— 95
あさりのウイスキー蒸し —— 96
モッツァレラキムチスクランブル —— 97
サクサクマヨネーズちくわ —— 98
納豆せんべい —— 99

盛り上げレシピ **乾き物編** —— 100

家のみコラム
気軽にワインを楽しもう！ —— 102

空豆えびパン —— 114
餅みそマヨネーズグラタン —— 115
餅ピザ —— 116
れんこんナッツのきんぴら丼 —— 117
かきとエリンギの
バターじょうゆのっけ丼 —— 118
牛すじ肉の甘辛煮丼 —— 119
豆腐キムチ鍋 —— 120
かきのどて鍋 —— 121

盛り上げレシピ **市販物編** —— 122

家のみコラム
楽しみ方いろいろ、ウイスキーと焼酎 —— 124

3章
お酒と合わせる "お食事系"

カリカリチーズはねつき餃子 —— 104
牛肉春雨棒餃子 —— 106
えびにら餃子 —— 107
ホルモン焼きうどん —— 108
カレー焼きうどん —— 109
汁なし担々麺 —— 110
にらともやしの塩焼きそば —— 111
チンジャオロース焼きそば —— 112
手作りなめたけのトースト —— 113

4章
あと一品は "作り置き"

ごろごろにんにくと砂肝のコンフィ —— 126
かんたん煮豚 —— 128
リエット —— 129
お好み野菜の簡単浅漬け —— 130

なすとズッキーニの
カレーオイル漬け ———— 131

ラタトゥイユ ———— 132

きのこのバルサミコマリネ ———— 133

かきのオイル漬け ———— 134

さばのリエット ———— 135

昆布の酢じょうゆ漬け ———— 136

チーズのハーブオイル漬け ———— 137

作り置き 保存の注意 ———— 138

[家のみコラム]
家のみ時間を楽しもう ———— 139

[盛り上げレシピ] **甘味物編** ———— 140

食材別索引 ———— 142

【レシピ考案の料理家の紹介】
石井千秋（p.24、112）／岡田幸恵（p.17）／金澤亜希子（p.45、94、123C）／川村清子（p.22、34）／食のスタジオ（p.57）／須永久美（p.13、19、28、33、35、36、47C、52、56、67、75、77、81、85、95、97、104、109、111、114）／副島猛（p.123D）／曽根小有里（p.65、66）／つむぎや（p.10、53、61、72、74、79、99、117、136）／長友幸容（p.58）／ナカムラチズコ（p.21、25、31、89、93、108、118、119、123A、126、128、129、132、133、137）／沼口ゆき（p.43、76、78、92、123B）／橋本加名子（p.12、18、37、47BD、54、55、59、62、63、70、80、83、84、90、91、110、115、120、121、131）／山路恵美（p.41、50、98、106、116、130、134）／山戸ユカ（p.73）／渡辺恵子（p.20、60、64、82、113、136）／とも子（p.14、15、16、23、26、27、30、32、38、39、40、42、44、47A、68、69、86、87、101ABCD、141ABCD）

本書の見方

❶ カロリーと糖質量を記載しています。

❷ ビール、ワイン（赤）（白）（ロゼ）（スパークリング）、焼酎、チューハイ、ウイスキー、ハイボールのマークで、相性のいいおすすめのお酒を記載しています。

ビール　ワイン　ワイン　ワイン　焼酎　ウイスキー
　　　　（赤）　（白）　（ロゼ）
スパークリング　チューハイ　ハイボール

❸ レシピの人数の目安を入れています。4人分を2人分にするときは分量を半分、1人分を2人分にするときは分量を2倍など調整してください。

❹ 「家のみアレンジ」や「家のみグレードUP」をするための情報です。

❺ ・小さじ1は5ml、大さじ1は15mlです。
・ひとつまみは1g（親指、人差し指、中指でつまむ量）、少々は0.3g程度（親指と人差し指でつまむ量）としています。適量は味を確かめながら調整してください。
・電子レンジは600W、オーブントースターは1000Wを使用しています。なお、これらの調理器具を使用する場合は加熱しても問題のない耐熱のものを使用しています。
・使用する調理器具や素材の大きさ、調味料によって調理時間などが変わることがあります。
・卵はMサイズ（約50g）、しょうゆは濃口しょうゆ、みそは合わせみそを使用しています。にんにくやしょうがのすりおろしは、チューブタイプを使用してもかまいません。各1片は約10gです。
・材料の基本分量は各レシピに記載しています。

❻ ・仕込み・下処理の作業を省いて記載しているレシピもあります。
・時間、火力などは状況によって変わるので目安としてください。
・市販の食品を使用している場合もあります。

1章

手っ取り早く
"お通し"

お酒を出すのと同時に準備できる時短調理のおつまみ。
身近な食材にちょっとした工夫を加えてオリジナルの一品に。

~黄身を取り出して味つけし、
もとの形に戻してみよう~

① コロリン

② まぜまぜ

③ そっともと通りに!

できあがり

レシピは右ページ ⇨

食べたらびっくり！
にんにく香るゆで卵は
ビールにGOOD！

カロリー(1人分)：138kcal｜糖質：0.7g

お通し1

グレードアップゆで卵 Osusume⇒ 🍺🍷🍷

【材料(2人分)】

- ゆで卵（かたゆで）……… 2個
- マヨネーズ ……… 大さじ1
- クリームチーズ ……… 10g
- にんにく（すりおろし）……… 1/3片分
- 粗びき黒こしょう……… 適量

【作り方】

① クリームチーズは室温に戻しておく。ゆで卵の白身の部分を縦半分に切って黄身を取り出す。

② ボウルに黄身、マヨネーズ、クリームチーズ、にんにくを入れて混ぜ合わせ、ディップ状にする。

③ ②をスプーン2つを使って軽く丸めながら黄身ボールを作る（4個）。ゆで卵の黄身のあったへこみにのせ、こしょうをふる。

ししとうの辛味が
ナイスアクセント！
生ハムで巻いてビールに◎

お通し2

カロリー(1人分)：**190**kcal　糖質：**1.2**g

ししとうとチーズの生ハム巻き Osusume⇒ 🍺🍷🥂

【材料(2人分)】

○ ししとう ……………………… 3本
○ クリームチーズ ……………… 80g
○ 生ハム ………………………… 8枚

【作り方】

① クリームチーズは室温に戻して
　おく。ししとうはヘタを取り、粗く
　刻む（種は入っていてよい）。

② ボウルに①を入れて混ぜ合わせる。

③ ②を8等分にし、生ハムで巻く。

切って和えるだけ。
たっぷりのねぎと
ラー油の辛味が
クセに!

お通し 3

カロリー(1人分):73kcal 糖質:4.1g

ねぎチャーシュー Osusume⇒ 🍺 🥃

【材料(2人分)】

- 長ねぎ 1本
- チャーシュー（市販）..... 50g
- ザーサイ（市販の味つき）... 15g
- A 〔 ○酢 小さじ1/2
    ○しょうゆ 小さじ1/4
    ○白いりごま 大さじ1/2
- ラー油 .... 適量

【作り方】

① ねぎは斜め薄切りにしてさっと水にさらし、水気を切る。

② チャーシューは細切りに、ザーサイは粗みじん切りにする。

③ ボウルにAと①、②を入れて混ぜ合わせ、器に盛り、ラー油をかける。

13

フライパンなしで簡単!
とろとろ卵にからめて
ビールとともに〜♪

お通し4

カロリー(1人分):329kcal　糖質:2.0g

お手軽ポーク卵 Osusume⇒

【材料(2人分)】
- ランチョンミート(缶詰) ……… 170g
- 温泉卵 ………………………… 2個
- 粗びき黒こしょう ……… 適量

【作り方】
① ランチョンミートをスティック状に切る。

② ①を重ならないようにアルミ箔に並べ、オーブントースターでこんがりするまで焼く。

③ 器に盛りつけて温泉卵をのせ、こしょうをかける。

家のみ
アレンジ

ランチョンミートの活用	酢飯、レタスなどの野菜と一緒にのり巻きにしてもおいしい。ランチョンミートは味がついているので、時短調理に重宝する食材。1缶で2つの料理を作るのもおすすめ。

りんごがポイント！
華やかな香りの
ウイスキーがよく合う。

カロリー(1人分)：126kcal　糖質：2.4g

お通し5

サラミりんごカナッペ Osusume⇒🍺🥃🍷

【材料(2人分)】

- サラミ 6枚 (36g)
- クリームチーズ 18g
- りんご 1/16個
- はちみつ .... 好みで

【作り方】

① サラミを1.5mm幅に、8等分にしたりんごの半分を2mm幅にスライスする。

② サラミ、クリームチーズ、りんごの順にのせる。好みではちみつをたらす。

家のみ
アレンジ

**サラミで
トースト**

にんにくをこすりつけたひとくち大の食パンに、ポテトサラダ、サラミ、チーズをのせてオーブンで焼けば、お手軽カナッペの完成。サラミのうま味はビールやワインと好相性。

熱々ハフハフには
間髪入れずに
冷えたビーーール！

カロリー(1人分)：75kcal　糖質：0.4g

お通し⑥

こんがりコンビーフ　Osusume⇨

【材料(2人分)】

- コンビーフ ……………………… 80g
- マヨネーズ ……………………… 20g
- 粗びき黒こしょう ……………… 適量
- 小ねぎ …………………………… 適量

【作り方】

① コンビーフを5〜8mm幅に切って、アルミ箔に並べる。

② ①にマヨネーズをかけ、オーブントースターでこんがり香ばしくなるまで焼く。

③ 器に盛ってこしょうをふり、小口切りしたねぎを散らす。

16

ほろにがの生ゴーヤを
ポン酢×マヨネーズで
さっぱりコクうまに！

カロリー(1人分)：**184**kcal　糖質：**13**g

ゴーヤのツナ和え　Osusume⇒ 🍺 🥛

【材料(4人分)】

○ゴーヤ ……………………… 1本
○塩 …………………………… 小さじ1
○ツナ缶 (165g入り) ……… 1缶
○塩 …………………………… 少々
○こしょう …………………… 少々
○マヨネーズ ………………… 大さじ3
○ポン酢しょうゆ …………… 大さじ1

【作り方】

① ゴーヤは縦半分に切って種とワタを取り、2mm厚さに切る。塩小さじ1をふって軽くもみ、5分おいてから水洗いし、水に15分さらして水気をよくしぼる。

② ボウルに①を入れ、油を切ったツナ、塩少々、こしょう、マヨネーズを加えて混ぜ合わせる。

③ 器に盛り、ポン酢しょうゆをかける。

キムチとツナに
マヨネーズだけでも◎
ナイスおつまみ！

お通し⑧

カロリー(1人分)：113kcal　糖質：3.1g

きゅうりのツナマヨネーズキムチのっけ　Osusume⇒ 🍺 🥃 🍷

【材料(2人分)】

- ○きゅうり ……………………… 1本
- ○ツナ缶 ……………………… 35g
- ○白菜キムチ ……………… 80g
- ○マヨネーズ ……………… 大さじ1
- ●ミニトマト ……………… 好みで

【作り方】

① きゅうりは横半分、縦半分に切る。転がるようで
あれば外側を薄く切って平らにする。

② キムチは粗く刻んでボウルに入れ、油を切ったツ
ナ、マヨネーズを加えて混ぜ合わせる。

③ ①のきゅうりに②をのせる。
好みでミニトマトを添える。

家のみ
アレンジ

| クラッカーにのせる | キムチとツナ、マヨネーズを混ぜ合わせたものをクラッカーにのせてもOK。冷や奴のトッピングにもなる。マヨネーズのコクは、ビール以外にも白ワインやハイボールなど冷やしたお酒と相性バツグン。 |

18

シャキシャキと
ふわふわの食感が
口の中でリズムよく！

お通し⑨

カロリー(1人分)：**71**kcal　糖質：**8.6**g

ちぎりはんぺんときゅうりの たっぷり薬味のせ

Osusume ⇨

【材料(2人分)】

○はんぺん (80g)	1枚
○きゅうり	1本
○みょうが	1個
○大葉	5枚
○小ねぎ	2本
○しょうが	1片
○白いりごま	大さじ1/2
A ○めんつゆ (2倍濃縮)	大さじ2
○酢	大さじ1/2

【作り方】

① はんぺんは小さめのひとくち大にちぎる。きゅうりはめん棒でたたき、ひとくち大にする。ボウルに入れて混ぜ合わせる。

② みょうがはみじん切り、大葉は粗みじん切り、ねぎは小口切り、しょうがはせん切りにする。すべてをボウルに入れ、ごまを加えて混ぜ合わせる。

③ 器に①を盛り、②をのせ、混ぜ合わせたAをかける。

カロリー(1人分)：**92**kcal 糖質：**5.8**g

お通し10

レモンが効いた
さっぱり仕上げ。
白やロゼのワインに◎

コールスロー Osusume⇨ 🍺♀♀

【材料(4人分)】

○キャベツ ……………… 1/2個
○にんじん ……………… 1/2本
○セロリ ………………… 1/2本
A
┌ ○サラダ油 …………… 大さじ2
│ ○塩 …………………… 小さじ1/2
│ ○砂糖 ………………… 小さじ1/2
└ ○こしょう …………… 少々
○レモン汁 ……………… 大さじ1
○酢 ……………………… 大さじ1
○パセリ(みじん切り) ……… 適量

【作り方】

① キャベツ、にんじん、セロリはせん切りにし、塩少々(材料外)でもんでしんなりしたら水気をしぼる。

② ボウルに①とAを入れて混ぜ合わせる。なじんだらレモン汁と酢を混ぜ合わせる。

③ 器に盛り、パセリを散らす。

ちょいピリ辛の
にんにくみそ味が
ビールを呼ぶおいしさ!

お通し11

カロリー(1人分):52kcal　糖質:7.4g

おつまみキャベツ Osusume⇨ 🍺 🥤 🍶

【材料(2人分)】
- キャベツの葉 …………… 中3枚 (約100g)
- A
  - みそ …………………………… 大さじ1
  - みりん …………………………… 大さじ1
  - にんにく (すりおろし) …… 1/2片分
  - 豆板醤 …………………………… 少々

【作り方】
① キャベツは洗って水気を切り、ひとくち大に切る。

② ボウルにAを入れて混ぜ合わせる。

③ ②に①を加えて和え、器に盛る。

家のみ
アレンジ

やわらかい
春キャベツで

春キャベツの時季なら、赤だしみそ、にんにく、コチュジャン、砂糖、白すりごま、酒、水を合わせてにんにくみそを作り、これにキャベツをつけて食べる。みそとキャベツのハーモニーがおつまみにちょうどいい。

小松菜とチーズ、
柚子こしょうの魅惑的な
味わいには焼酎を

お通し 12

カロリー(1人分):36kcal 糖質:1.0g

小松菜とカッテージチーズの 柚子こしょう和え

Osusume⇨

【材料(4人分)】

○小松菜 ………………… 1/2束
○カッテージチーズ ……… 1/2カップ
○塩 ……………………… 少々
┌○柚子こしょう ……… 小さじ1
│○昆布茶 ……………… 小さじ1/2
A │○塩 ………………… 小さじ1/4
│○柚子酢 ……………… 大さじ1/2
└○サラダ油 …………… 小さじ1/2

【作り方】

① 小松菜は塩を入れた熱湯で色よくゆで、水にとって
しぼり、5cm長さに切る。

② ボウルにAを入れて混ぜ合わせ、カッ
テージチーズを入れてさらに混ぜ、小松
菜を加えて和える。

家のみ
アレンジ

柚子酢が
なければ
レモンで

市販の柚子酢があれば便利だが、ない場合はレ
モン汁を代用してもよい。柚子酢は、柚子をしぼっ
て同量の酢を混ぜるだけなので手作りも簡単。

バターじょうゆが
しみ込んだ、甘〜い
新玉にビールがグー!

カロリー(1人分):115kcal　糖質:6.4g

お通し13

新玉ねぎのまるごとレンチン Osusume⇨

【材料(2人分)】

o 新玉ねぎ ……………………… 中2個
o バター ……………………………… 20g
o しょうゆ ……………………… 小さじ2
o 削り節 ……………………………… 適量

【作り方】

① 玉ねぎは薄皮をむき、十字に切り込みを入れる。

② ①をラップで二重に包み、電子レンジで4〜5分加熱する。

③ 器に盛り、バターをのせてしょうゆをかけ、削り節をたっぷりとかける。

家のみ
アレンジ

**新玉ねぎを
和風で
さっぱり**

両面を香ばしく焼いた厚揚げに、スライスして水にさらした新玉ねぎをのせ、削り節、おろししょうがをのせ、最後にポン酢しょうゆをかければ、さっぱりした和風味で新玉ねぎを楽しめる。

ピンクペッパーが
すーっとさわやかで
ワインにおすすめ

カロリー(1人分):336kcal　糖質:3.6g

お通し14

枝豆のツナ和え Osusume⇒🍺🍷🍷

【材料(2人分)】

- 枝豆 ‥‥‥‥‥‥‥‥‥‥ 80g
  （塩ゆでしてさやから出したもの）
- 玉ねぎ ‥‥‥‥‥‥‥‥ 中1/4個
- ツナ缶 (80g入り) ‥‥‥ 1缶
- オリーブオイル ‥‥‥ 大さじ3
- 塩 ‥‥‥‥‥‥‥‥‥‥ 小さじ1/4
- こしょう ‥‥‥‥‥‥‥ 少々
- ピンクペッパー ‥‥‥‥ 適量

【作り方】

① 玉ねぎは薄くスライスし、水にさらしておく。

② ボウルに油を切ったツナとオリーブオイルを入れて混ぜ、塩、こしょうで味をととのえる。

③ ②に水気をよく切った①と枝豆、つぶしたピンクペッパーを加えて混ぜ合わせ、器に盛る。

粒マスタードの
酸味が絶妙な
アクセントに！

カロリー（1人分）：**107**kcal　糖質：**4.9**g

お通し 15

豆苗とちくわのマスタードマヨネーズ和え Osusume⇨

【材料（2人分）】

- ○豆苗 ……………………… 1袋（約130g）
- ○ちくわ（小） ……………… 2本
- A ┌ ○マヨネーズ ……………… 大さじ1
  │ ○粒マスタード ………… 大さじ1
  └ ○こしょう ………………… 少々

【作り方】

① 豆苗は根元を切り落とし、半分の長さに切る。塩少量（材料外）を加えた熱湯で約30秒ゆでて冷水にとり、水気をしっかりとしぼる。

② ちくわは縦4等分にし、半分の長さに切る。

③ ボウルにAを入れて混ぜ合わせ、①と②を加えて和える。

家のみ
アレンジ

豆苗の相方を変える	ちくわの代わりにツナやかにかまを合わせてもおいしい。しょうゆ、酢、ごま油、砂糖、すりおろしのにんにくやしょうがを合わせたタレでの味つけもおすすめ。

のりづくし

厳選22

no.1

アボカド×わさびじょうゆ

のりの風味で食材の味わいがグッと増すね!

---

no.2

ほたてバターじょうゆ

---

no.3

しょっぱいゆで卵はビールに合う!

ゆで卵×アンチョビ

---

no.4

かまぼこ×わさび

---

no.5

しば漬けは小さめがおすすめ!

まぐろ刺身×しば漬け

---

no.6

スライスチーズ

---

no.7

いかの塩辛

---

no.8

クリームチーズ×アンチョビ

---

no.9

シャリ抜きの梅きゅう巻き

きゅうり×練り梅

---

no.10

明太子マヨネーズ

no.11

ウインナー×きゅうり

no.12

黒しょうは粗めで多めに！

かにかま×マヨネーズ×黒こしょう

no.13

ハム×黒みつ×ごま

no.14

白菜漬け

no.15

ごま油マジックで手が止まらない！

刻みねぎ×ごま油×塩

no.16

辛子高菜×ごま

no.17

ポテトサラダ

no.18

ポテトチップス×納豆

no.19

焼酎との相性が抜群！

クリームチーズ×ゆずこしょう

no.20

独特の甘じょっぱい組み合わせ

クリームチーズ×レーズン×ナッツ

no.21

アボカド×納豆

no.22

梅干し×削り節

〜たたいたきゅうりと焼いたベーコンに
ドレッシングをかけるだけ〜

トントン、トン

①

ジュージュー

②

まぜ

まぜ

③

♪

できあがり

レシピは右ページ ⇨

お通し16

さわやかな味わい。
ひと味違ったタルタルが
おつまみにGOOD!

きゅうりとベーコンのサラダ 大葉タルタルかけ

Osusume⇒

【材料(2人分)】

- きゅうり ……………………… 2本
- ベーコン (ハーフ) ………… 6枚
- オリーブオイル ……………… 少々
- 大葉 …………………………… 5枚
- しょうが (すりおろし) …… 大1片分
- マヨネーズ ………………… 大さじ2
- A 酢 …………………………… 大さじ1/2
- 塩 …………………………… 少々
- 粗びき黒こしょう …………… 少々

【作り方】

① きゅうりはめん棒などでたたき、食べやすい大きさにする。

② ベーコンは2cm幅に切る。フライパンにオリーブオイルを熱し、中火でカリカリに焼く。①と混ぜて器に盛る。

③ 大葉は縦半分に切ってから横にせん切りにしてボウルに入れ、Aと混ぜ合わせて②に添える。

29

わさびをちょい足し。
クリームチーズは常温。
ビールはキンキンに！

お通し**77**

カロリー(1人分)：131kcal 糖質：4.5g

塩昆布クリチ団子 Osusume⇨ 🍺

【材料(2人分)】

○ 塩昆布 ……………………………… 2g
○ クリームチーズ ……………………… 72g
○ わさび ……………………………… 適量

【作り方】

① ひとくち大のクリームチーズに、塩昆布をひとつまみのせる。

② ①を手でこねながら丸める。

③ わさびをのせる。

家のみ
グレードUP

塩昆布の ポテンシャル	ちぎった春キャベツとごま油で和える、たたいたきゅうりやかぶと一緒にポリ袋に入れてもむ、トマトと和えるなど、簡単おつまみで活躍する塩昆布。家のみ派は常に冷蔵庫に常備しておきたい。

砕いたせんべいを
まぶしただけで、
絶品おつまみに!

カロリー (1人分):**150**kcal 糖質:**13.1**g

お通し **18**

クリームチーズのカリカリおつまみ Osusume⇨ 🍺 🥛

【材料(2人分)】

- ○クリームチーズ (個包装) ⋯⋯ 3個 (54g)
- ○せんべい (しょうゆ味) ⋯⋯⋯⋯ 30g
- ○七味唐辛子 ⋯⋯⋯⋯⋯⋯⋯⋯⋯ 適量
- ●枝豆 (ゆでたもの) ⋯⋯⋯⋯⋯⋯ 好みで

【作り方】

① せんべいは厚手のポリ袋に
入れ、手の平で押しつぶす
ように粗く砕く。

② クリームチーズは1個を半分にちぎり、①の
せんべいをまぶしつけ、丸く形をととのえる。

③ ②を器に盛り、七味唐辛子をかけ、好みで
枝豆を添える。

"梅干し×みそ"が
いつものいか刺しを
ひと味違った味わいに!

お通し*19*

カロリー(1人分):51kcal　糖質:1.1g

いか刺しの梅みそ和え Osusume⇨

【材料(1人分)】
- いか刺し 50g
- 梅干し 1/2個
- 大葉 1枚
- みそ 3g

【作り方】
① 梅干しは種を除き、実をたたいてボウルに入れ、みそを加えて混ぜ合わせる。

② ①にいか刺し、刻んだ大葉を加えて混ぜ合わせる。

③ 器に大葉(材料外)をしいて②を盛りつける。

さっぱり味を叶える梅干し　めん棒でたたいてひとくち大に切った長いもときゅうりに、種を取ってたたいた梅干しとごま油を和えると、さっぱりといただけるおつまみに。風味豊かな米や麦の焼酎と相性バッチリ。

家のみ
グレードUP

ラー油が味の決め手。冷えたビール、ワインなら白やロゼで

カロリー(1人分):141kcal 糖質:0.6g

お通し20

サーモンとアボカドのポキ Osusume⇒🍺🍷🍷

【材料(2人分)】

- サーモン(刺身用) ………… 1冊 (約150g)
- アボカド ……………………… 1個
- レモン汁 ……………………… 小さじ1
- イタリアンパセリ ………… 適量

A ⌈ ○しょうゆ ……………… 小さじ1
⌊ ○ラー油 ………………… 小さじ1/3

【作り方】

① サーモンは約2cm角に切る。ボウルにAを混ぜ合わせ、サーモンを漬けておく。

② アボカドは1.5cm角に切り、塩少々(材料外)をふってレモン汁をまぶす。

③ イタリアンパセリは粗く刻む。ボウルにすべてを入れて和える。

たこのうま味全開!
イタリアンな前菜には
やっぱりワインで!

カロリー(1人分):**106**kcal 糖質:**0.6**g

たこパセリ Osusume⇒ 🍺🍷🍷

【材料(4人分)】

- ゆでだこ 300g
- パセリ 1/2束
- にんにく(みじん切り) 小さじ2
- オリーブオイル 大さじ1
- 塩 .... 少々
- 黒こしょう .... 少々
- セルフィーユ .... 好みで

【作り方】

① たこはひとくち大にそぎ切りにしておく。

② パセリはみじん切りにしてペーパータオルで水気をふき取っておく。

③ ボウルに①と②、にんにくを入れ、オリーブオイルをまわし入れて混ぜ合わせる。塩、こしょうで味をととのえて器に盛りつけ、好みでセルフィーユを飾る。

オイルを替えてビールに◎

パセリを小ねぎ(小口切り)に、オリーブオイルをごま油に替えるとビールに合うおつまみに。

家のみアレンジ

さっぱりした刺身が
ピリッと
あと引くおいしさに

お通し22

カロリー(1人分):177kcal 糖質:5.4g

かつおと豆もやしの韓国風和えもの Osusume⇒

【材料(2人分)】

○かつお (刺身用) ⋯⋯⋯⋯⋯⋯ 1柵 (150g)
○豆もやし ⋯⋯⋯⋯⋯⋯⋯⋯ 1袋 (200g)
○小ねぎ ⋯⋯⋯⋯⋯⋯⋯⋯⋯ 2本
A ┌ ○コチュジャン ⋯⋯⋯⋯⋯⋯ 小さじ2
  │ ○しょうゆ ⋯⋯⋯⋯⋯⋯⋯⋯ 小さじ2
  │ ○酢 ⋯⋯⋯⋯⋯⋯⋯⋯⋯⋯ 大さじ1/2
  │ ○ごま油 ⋯⋯⋯⋯⋯⋯⋯⋯ 大さじ1/2
  │ ○砂糖 ⋯⋯⋯⋯⋯⋯⋯⋯⋯ 小さじ1
  └ ○おろしにんにく (チューブ) ⋯⋯ 少々

【作り方】

① かつおは7 〜 8mm厚さに切る。

② 豆もやしはひげ根を取り、さっとゆでて
冷まし、水気をふき取っておく。

③ ボウルにAを入れて混ぜ合わせ、かつ
おと豆もやしを加えてよく混ぜ合わせ
る。器に盛り、小口切りにしたねぎを散
らす。

刻んで混ぜるだけ！
ツルツル、ネバネバに
ピリ辛がアクセント

お通し23

カロリー(1人分)：99kcal 糖質：2.8g

キムチいか納豆 Osusume⇒

【材料(2人分)】
- ○ 白菜キムチ ……………… 50g
- ○ いかの刺身(細切り) … 50g
- ○ 納豆(タレ付き) ……… 45g
- ○ ごま油 …………………… 小さじ1
- ● かいわれ大根 ……… 好みで

【作り方】
① キムチは食べやすい大きさに刻む。いかはごま油を混ぜ合わせておく。納豆はタレを入れて混ぜておく。

② ボウルに①を入れてざっくりと混ぜ合わせる。器に盛り、好みで根元を切り落としたかいわれ大根を添える。

たこにも 合う キムチ	キムチはいかだけでなく、たことの相性もよい。おぼろ豆腐にキムチをのせて小口切りの小ねぎを散らした冷や奴に、たこのチャンジャを合わせると、韓国風のお通しセットに。

家のみ アレンジ

コク、うま味、酸味が
口の中に広がる、
カナッペ風の一品

お通し24

カロリー(1人分)：**233**kcal　糖質：**5.4**g

ミニトマトといかの塩辛和え Osusume⇨ 🍺🍶🍷

【材料(2人分)】
○ミニトマト ……………………… 5個
○いかの塩辛 …………………… 60g
○クリームチーズ …………… 6切 (108g)

【作り方】
① ミニトマトは4等分に切る。

② ボウルに①と塩辛を入れて
和える。

③ クリームチーズに②をのせる。

**家のみ
グレードUP**

じゃがバター に 塩辛をオン	じゃがバターに塩辛をのせるだけの簡単おつまみ。塩気が加わることで軽やか系のウイスキーのお供に。残ってしまいがちな塩辛を有効活用しよう。じゃがいもを里いもに替えてもおいしい。

かまぼこが
デラックスに。
焼酎はロックで!

お通し25

カロリー(1人分):71kcal　糖質:9.5g

かまぼこの梅とろろ昆布カナッペ　Osusume⇨ 🥃

【材料(1人分)】
- かまぼこ ……………… 7枚 (56g)
- 練り梅 ……………………… 7g
- とろろ昆布 ……………… 3.5g

【作り方】

① かまぼこは薄切りにする。

② ①の表面に練り梅をぬる。

③ ②を皿に盛り、とろろ昆布をちぎってふわっとのせる。

家のみ
グレードUP

〆の
お吸い物も
一緒に

お椀に入れたとろろ昆布と梅干しにしょうゆをたらし、お湯を注ぐだけで簡単お吸い物の完成。とろろ昆布は鍋のつけ汁に入れるなど、うま味を足したいときに重宝する。

箸が止まらない。
パリパリの食感で
ビールタイムが充実!

カロリー(1人分):43kcal 糖質:4.8g

お通し26

ちくわチップス Osusume⇨ 🍺 🥤 🥛

【材料(2人分)】
- ○ちくわ(小) ……………… 70g
- ●七味唐辛子 ……… 好みで

【作り方】

① ちくわは1〜1.5mmにスライスし、耐熱皿の上に重ならないように並べる。

② ラップをせずに電子レンジで約2分加熱する。ちくわの水分が蒸発してカラカラになったらOK。

③ 器に盛り、好みで七味唐辛子などをかける。

家のみ
アレンジ

**スパイシー
仕立ても美味**　味にパンチがほしい場合は、ガラムマサラ、カレー粉、粉山椒などスパイスを加えるとよい。なお、電子レンジでの加熱のしすぎには注意を。

見た目も味も
デコレーションで
ウキウキ気分♪

カロリー(1人分)：218kcal　糖質：13.6g

お通し27

はんぺんのチーズと明太子焼き　Osusume⇨

【材料(1人分)】
○ はんぺん 1枚 (110g)
○ とけるチーズ 1枚
○ 辛子明太子 25g
● 黒こしょう .... 好みで
● ごま油 .... 好みで

【作り方】
① はんぺんは9等分に切る。その上にチーズ、明太子をそれぞれのせる。

② オーブントースターで、チーズがとろけるまで焼く。

③ 器に盛り、好みでチーズには黒こしょうをふり、明太子にはごま油をかける。

家のみ
アレンジ

はんぺん
の
にんにく焼き

にんにく（すりおろし）とみそ、粉チーズを混ぜたものをはんぺんにぬって焼くと、香ばしいおつまみに。油をひいたフライパンに、みそをぬっていない側を下にし、ふたをして焼き、裏返した面をこんがり焼くのがコツ。

40

材料は3つのみ。
切って混ぜるだけの
ごくうまおつまみ

カロリー(1人分)：192kcal　糖質：2.0g

お通し28

たことアボカドのキムチ和え　Osusume⇒ 🍺 🍱 🍷

【材料(2人分)】

- ゆでだこ ………………… 100g
- アボカド ………………… 1個
- 白菜キムチ ……………… 50g

【作り方】

① たこはひとくち大のそぎ切りにする。

② ボウルにたこを入れ、アボカドをスプーンでひとくち大ずつすくい取って入れる。

③ ②にキムチを入れ、さっくり混ぜ合わせる。

家のみ
アレンジ

たこの切り方で食感変化　たこはそぎ切りではなく、ぶつ切りにアレンジすると、また違った歯応えを楽しめる。その日の気分で食感を変えるのも家のみのバリエーションを広げる秘訣。

和風味にピリ辛。
ここは迷わず
冷えたビールで!

カロリー(1人分):188kcal 糖質:11.5g

ピリ辛じゃこカナッペ Osusume⇒

【材料(1人分)】
○ ちりめんじゃこ ……………… 12g
○ クラッカー …………………… 4枚
○ 削り節 ………………………… 適量
○ 食べるラー油 ………………… 15g

【作り方】
① ボウルに削り節と食べるラー油を入れて混ぜ合わせる。
② ①にじゃこを入れ、さらに混ぜ合わせる。
③ ②をクラッカーにのせる。

家のみ
アレンジ

暑い夏
は
冷や奴で

クラッカーではなく、冷や奴にのせて食べてもおいしい。塩気がほしい場合は少しだけしょうゆをたらすとよい。〆のご飯にのせてもおいしい。

熱したごま油を
ジュッとまわしかけ、
香りを楽しむ!

お通し30

カロリー(1人分):**304**kcal　糖質:**1.3**g

さば缶の中華風 Osusume⇒

【材料(2人分)】

○さば缶 (水煮、190g入り) ……… 1缶
○香菜 ……………………… 適量
○しょうが ………………… 1片
○アルファルファ …………… 適量
○こしょう ………………… 少々
○ごま油 …………………… 大さじ2
○しょうゆ ………………… 小さじ2
○黒酢 ……………………… 小さじ1
○ラー油 …………………… 少々

【作り方】

① 香菜はざく切り、しょうがは皮をむいてせん切りにする。

② 器にアルファルファをしき、その上に汁気をよく切ったさばをざっくりとほぐして盛りつける。こしょうをふり、①をのせる。

③ 小鍋にごま油を入れて煙が出始めるまで熱し、②にかける。しょうゆ、黒酢、ラー油それぞれを順にかける。

43

しょうゆをかけて
トースターで
ちょっと焼くだけ

お通し**31**

カロリー(1人分)：**402**kcal　糖質：**0.6**g

焼きオイルサーディン

Osusume⇨

【材料(1人分)】

- オイルサーディン缶 ┈┈ 70g
- しょうゆ ┈┈┈┈┈┈┈ 小さじ1
- 小ねぎ ┈┈┈┈┈┈┈┈┈ 適量

【作り方】

① オイルサーディンをオイルごと耐熱皿へ入れ、しょうゆをまわしかける。

② オーブントースターで3〜5分焼く。

③ オイルがグツグツしてきたら取り出し、小口切りにしたねぎを散らす。

家のみ
グレードUP

オイル サーディン 焼きカナッペ	クラッカーの上にピザソースを薄くぬり、オイルサーディン、粉チーズ、タイムをのせ、温めたオーブントースターで約2分焼くだけ。焼きカナッペにハイボールを合わせるのもおすすめ。

クリーミーで香ばしく、焼酎もワインも合う!

お通し32

カロリー(1人分):202kcal 糖質:8.6g

モッツァレラチーズの焼きみそのせ Osusume⇒

【材料(2人分)】

∘ モッツァレラチーズ ⋯⋯ 100g
∘ みそ ⋯⋯⋯⋯⋯⋯⋯⋯ 大さじ2
∘ 砂糖 ⋯⋯⋯⋯⋯⋯⋯⋯ 小さじ2
∘ 白すりごま ⋯⋯⋯⋯⋯ 大さじ1
● レモン ⋯⋯⋯⋯⋯⋯⋯ 好みで

※焼きみそは作りやすい分量にしています。
チーズに好みの量をのせてください。

【作り方】

① モッツァレラチーズは5mm厚さに切る。みそと砂糖を混ぜ合わせておく。

② 油(材料外)を薄くぬったアルミ箔に、①の合わせみそをのせる。魚焼きグリルもしくはオーブントースターで、表面が黒っぽくなり、フツフツとみそが沸いてくるまで約3分焼く。

③ ②をチーズにぬり、ごまをふる。好みでレモンをしぼる。

45

盛り上げ
レシピ

ユッケ編

生肉だけじゃない！
意外な食材のユッケ風で
テンションUP！

A

B

C

D

Ⓐ さば缶のユッケ

カロリー(1人分)：457kcal 糖質：3.7g

Osusume⇒

【材料(1人分)】
- さば缶（水煮、190g入り）…… 1缶
- 卵黄 ……………………… 1個分
- コチュジャン ……………… 小さじ2
- しょうゆ ………………… 小さじ1/4
- 黒いりごま ………………… 適量

【作り方】
① ボウルに汁気を切ったさば、コチュジャン、しょうゆを入れて混ぜ合わせる。

② 器に盛り、真ん中をくぼませて卵黄をのせ、ごまをふる。

Ⓒ まぐろの韓国風ユッケ

カロリー(1人分)：170kcal 糖質：3.4g

Osusume⇒

【材料(2人分)】
- まぐろ ……… 1柵
  （刺身用赤身）（150g）
- 卵黄 ………… 1個
- 小ねぎ ……… 2本
- 白いりごま … 少々

　A
- しょうゆ …… 小さじ2
- コチュジャン … 小さじ1
- 酒 …………… 小さじ1
- ごま油 ……… 小さじ1
- 砂糖 ………… 小さじ2/3

【作り方】
① まぐろは5mm角の棒状に切る。

② ボウルにAを入れて混ぜ合わせ、①を加えて和える。ラップをかけて冷蔵庫に入れ、20〜30分漬ける。

③ 器に盛り、真ん中をくぼませて卵黄をのせ、小口切りにしたねぎとごまをかける。

Ⓑ コンビーフのユッケ

カロリー(1人分)：165kcal 糖質：2.4g

Osusume⇒

【材料(2人分)】
- コンビーフ缶 … 1缶
  （100g入り）
- 卵黄 ………… 1個
- 白いりごま …… 少々
- サニーレタスの葉 … 1枚
- きゅうり …… 1/2本

　A
- ごま油 ……… 小さじ1
- しょうゆ …… 小さじ1
- 砂糖 ………… 小さじ1/3
- にんにく …… 少々
  （すりおろし）
- 七味唐辛子 … 適量

【作り方】
① 耐熱容器にコンビーフを入れ、ふんわりラップをかけて電子レンジで1分加熱する。

② コンビーフをほぐし、Aを加えてよく混ぜ合わせる。

③ 器に盛り、真ん中をくぼませて卵黄をのせ、ごまをふり、サニーレタスとせん切りにしたきゅうりを添える。

Ⓓ 豆苗のユッケ

カロリー(1人分)：132kcal 糖質：6.2g

Osusume⇒

【材料(2人分)】
- 豆苗 ………… 1パック
- 卵黄 ………… 1個
- 糸唐辛子 … 適量

　A
- にんにく(すりおろし) … 1片分
- しょうゆ …… 小さじ1
- コチュジャン …… 大さじ1
- ごま油 ……… 大さじ1

【作り方】
① 豆苗は根を切り落として半分の長さに切り、沸騰した湯でさっとゆで、水気を切る。

② ボウルに①とAを入れて混ぜ合わせる。

③ 器に盛り、真ん中に卵黄をのせ、糸唐辛子を飾る。

家のみコラム

ビールのアレンジを楽しもう!
〜おうちで簡単! ビアスタイルはいろいろ〜

さらりとした飲み口のアサヒスーパードライだからおいしいアレンジ♪

アレンジ1

はちみつレモンビア

【用意するもの】
- はちみつ ……………………………… 小さじ1
- レモン ……………………………… 1/8個
- アサヒスーパードライ …………… 300mℓ

【作り方】
グラスにはちみつを入れ、レモンをしぼり入れる。はちみつをとき、ビールを注ぐ。

> はちみつレモンの代わりにレモンシャーベットを入れてもおいしい!

アレンジ2

ビアパンチ

【作り方】
グラスに好みのカットフルーツ(写真はピンクグレープフルーツ、キウイ、パイナップル)を入れる。好みでシュガーシロップを入れて軽く混ぜ、アサヒスーパードライを注ぐ。

アレンジ3

スパイシー野菜ビア

【作り方】
トマトベースの野菜ジュース1に対して、アサヒスーパードライを2の配分で入れる。スティック状のセロリで軽く混ぜ、粗びき黒こしょうをかける。

> 定番のトマトジュースで割ったカクテルよりもすっきりスパイシー!

スーパードライのこだわりはこちら
https://www.asahibeer.co.jp/s/r-sd/

2章

お酒と好相性の "一品もの"

肉、魚介、野菜の、素材を生かしたおつまみ。
一品で家のみのクオリティが格段に高まる。

～豚肉をジュージュー焼いて
グツグツ煮るだけ～

レシピは右ページ ⇨

一品もの 1

カロリー(1人分): **474**kcal 糖質: **10.3**g

ビールとジャムで
やわらかく
ジューシーに!

簡単スペアリブ Osusume⇒ 🍺🥃🍷

【材料(4人分)】

- 豚スペアリブ ……………………… 600g
- ビール …………………………… 200mℓ
- 塩・こしょう …………………… 各適量
- サラダ油 ………………………… 適量
- A
  - にんにく(すりおろし) ………… 1片分
  - しょうが(すりおろし) ………… 1片分
  - しょうゆ ……………………… 大さじ2
  - マーマレードジャム …………… 大さじ3
- 香菜 ……………………………… 好みで

【作り方】

① 熱したフライパンにサラダ油をひき、豚肉を
　入れて塩、こしょうをふる。中火で両面に焼
　き目がつくまで焼く。

② Aを混ぜ合わせる。

③ ①にビールと②を入れてふたをし、中火で
　20分、煮汁が少なくなるまで煮詰める。好
　みで香菜を添える。

カロリー(1人分)：312kcal　糖質：4.0g

かきとベーコンが
互いのうま味を
引き立て合う!

かきのベーコン巻き　Osusume⇒ 🍺🍶🍷

【材料(2人分)】

○かき	大きめ6個
○ベーコン	6枚
○酒	大さじ1
○塩	少々
○粗びき黒こしょう	少々
○サラダ油	小さじ1
A ○塩	小さじ1/2
○片栗粉	小さじ1
○水	大さじ2
○レモン(くし形切り)	2切れ

【作り方】

① かきはボウルに入れ、Aをかけてやさしくもみながら汚れを落とし、きれいな水ですすいでキッチンペーパーで水気をふき取る。

② かき1個にベーコン1枚を巻き、つまようじでとめる。

③ フライパンにサラダ油を熱して②を並べ、中火で片面が香ばしく焼けたら返し、酒をふってふたをする。2分蒸し焼きにしたらふたをあけ、塩、こしょうをふる。器に盛り、レモンを添える。

ソース使いで
ワンランクUP!
コクと酸味が絶妙!

一品もの③

カロリー(1人分)：**226**kcal ｜ 糖質：**4.7**g

豚巻きミニトマトのバルサミコソースがけ　Osusume⇨

【材料(2人分)】

- ○豚バラ肉(薄切り) ……………… 6枚
- ○ミニトマト …………………………… 6個
- ○塩 ……………………………………… 少々
- ○粗びき黒こしょう ……………… 少々
- ○オリーブオイル ………… 小さじ2
- ┌ ○バルサミコ酢 ………… 大さじ1
- A ○粒マスタード ………… 小さじ1
- └ ○しょうゆ ………………… 小さじ1
- ●クレソン …………………………… 好みで

【作り方】

① ミニトマト1個に豚肉1枚を全体に巻きつけ、塩、こしょうをふる。

② フライパンにオリーブオイルを熱し、①を中火で香ばしく焼き、器に盛る。

③ ②のフライパンにAを入れてひと煮立ちさせ、②にかける。好みでクレソンを添える。

家のみ
グレードUP

| バルサミコソースが役立つ | バルサミコ酢、しょうゆをベースにし、粒マスタードではなく砂糖に替えると、コクのあるソースになる。かつおやまぐろのたたきにかけるとおいしい。 |

豚肉のうま味が
大根にしみ込み、
赤ワインが合う!

カロリー(1人分):376kcal 糖質:10.3g

一品もの4

豚バラと大根のコクうま炒め Osusume⇒ 🍺🍸🍷

【材料(2人分)】

- ○豚バラ肉(薄切り) ……… 150g
- ○大根 ……………… 1/4本
- ○小ねぎ ……………… 3本
- ○ごま油 ……………… 小さじ1
- ┌○水 ……………… 100mℓ
- │○オイスターソース …… 大さじ1
- A○しょうゆ ……………… 大さじ1
- │○酒 ……………… 大さじ1
- └○砂糖 ……………… 大さじ1

【作り方】

① 豚肉は1cm幅に切り、大根は1cm厚さのいちょう切り、ねぎは小口切りにする。

② フライパンにごま油を熱し、中火で豚肉を炒める。豚肉の色が変わったら大根を加え、薄く色づくまで炒める。

③ ②にAを加え、汁気が少なくなるまで煮詰める。器に盛りつけ、ねぎを散らす。

照り焼き風の
味つけで
ビールと好相性！

カロリー(1人分)：325kcal　糖質：9.6g

一品もの 5

新しょうがの肉巻き　Osusume⇒ 🍺 🍶 🍷

【材料(2人分)】

- ○新しょうが ······················· 6本
- ○豚バラ肉 (薄切り) ············ 6枚
- ○サラダ油 ························ 大さじ1/2
- ┌○砂糖 ······························· 大さじ1
- A ○酒 ································· 大さじ1
- └○しょうゆ ························· 大さじ2

【作り方】

① しょうがは根元を1本ずつ分けて、薄皮をむく。茎は、焼くときにフライパンの外に飛び出るくらいの長さを残しておく。

② しょうがの根元に豚肉を巻きつける。

③ フライパンにサラダ油を熱し、②の巻き終わりを下にして中火で焼く。ある程度焼き固まったら、茎を持って転がしながら全体を焼き、Aを加えてからめる。

もやしを豚肉で
巻いてぺろり!
ポン酢でさっぱりと

一品もの⑥

カロリー(1人分):179kcal　糖質:1.7g

簡単・もやしの豚玉蒸し Osusume⇨

【材料(4人分)】
- 豚バラ肉 (薄切り) ……………… 6 〜 7 枚
- もやし (ひげ根は取る) ………… 1 袋
- 水 …………………………… 50mℓ
- 卵 …………………………… 2 個
- 粗びき黒こしょう ……………… 適量
- ポン酢しょうゆ ………………… 適量

【作り方】
① 豚肉を半分の長さに切る。

② フライパンにもやしを入れて
表面を平たくならし、水をま
わしかける。①を入れてもや
しを覆うようにのせ、くぼみ
を2か所作り、そこへ卵を割り入れる。ふたを
して中火にかける。

③ 豚肉に火が通ったら器に盛り、こしょうをたっ
ぷりかける。ポン酢しょうゆをかけていただく。

にんにくの効いた
ガッツリのお肉には、
ビールやハイボールを！

カロリー(1人分)：344kcal 糖質：10.4g

一品もの7

スタミナおつまみトンテキ Osusume⇒ 🍺 🍶 🥃

【材料(4人分)】

○豚ロース肉(厚切り) ……… 4枚
○玉ねぎ ……………………… 中1個
○にんにく …………………… 1片
○サラダ油 …………………… 大さじ1
┌ ○酢 ………………………… 大さじ3
│ ○ウスターソース ………… 大さじ2
A │ ○しょうゆ ………………… 大さじ1
└ ○砂糖 ……………………… 大さじ1
●キャベツ …………………… 好みで

【作り方】

① 豚肉は1.5cm幅に切り、玉ねぎは1cm幅の半月切りに、にんにくは薄切りにする。

② フライパンにサラダ油とにんにくを入れて中火にかけ、香りが出たらにんにくを取り出す。強火にし、豚肉と玉ねぎを入れ、豚肉の色が変わるまで炒める。

③ にんにくをフライパンに戻し、Aを加えて煮からませる。好みでキャベツのせん切りを添える。

57

みそのコクうまを
生クリームでまろやかに。
赤ワインに合う肉じゃが

カロリー（1人分）：392kcal　糖質：18.4g

一品もの8

豚じゃがみそクリーム Osusume⇨

【材料(4人分)】
- 豚肉（薄切り） ……… 300g
- じゃがいも ……… 600～700g
- 玉ねぎ ……… 大1個
- 酒 ……… 大さじ1
- 水 ……… 600mℓ
- 鶏がらスープの素 … 小さじ4
- みそ ……… 大さじ3
- 生クリーム ……… 50mℓ
- 粉チーズ ……… 適量
- 黒こしょう ……… 適量

【作り方】
① 豚肉はひとくち大に切り、酒をふる。じゃがいもはひとくち大に切り、水にさらす。玉ねぎは8つにくし形切りにする。

② 鍋にサラダ油大さじ1（材料外）を熱し、じゃがいもを中火で炒め、玉ねぎも加えて炒め合わせる。

③ 水とスープの素を加えて強火にし、煮立ったらアクを取り、ふたをして弱火で20分ほど煮る。

④ 豚肉を加えて中火にし、色が変わったらみそを加えて弱火にし、約5分煮る。生クリームを加え、ひと煮立ちさせる。粉チーズとこしょうをかける。

さっぱり味で
ビールにも
焼酎にも合う

カロリー(1人分):238kcal 糖質:5.9g

一品もの9

焼き手羽先のポン酢浸し Osusume⇒ 🍺 🥛

【材料(2人分)】

- 鶏手羽先肉 ……………………… 6本
- 長ねぎ ……………………………… 1/2本
- ポン酢しょうゆ ………………… 150mℓ
- 粉山椒 ……………………………… 適量
- 塩 …………………………………… 適量

【作り方】

① 鶏肉はフォークで両面に穴を開け、軽く塩をふる。ねぎは4cm長さに切る。

② ①をオーブントースターで火が通るまで焼き、すぐにポン酢しょうゆに浸す。器に盛り、粉山椒をふる。

家のみ
グレードUP

**肉の余分な
脂を
落とすテク**

鶏肉にフォークで穴を開けると、余分な脂が落ちて仕上がる。またポン酢しょうゆの味がしみ込みやすくなる。

59

肉の食感が残った
洋風つくねを
ビールやワインで!

カロリー(1人分):110kcal　糖質:0.6g

一品もの10

ゴロゴロつくねローズマリー風味 Osusume⇨

【材料(4人分)】

- 鶏もも肉 ……………………… 250g
- A
  - 塩 …………………………… 3g
  - にんにく(みじん切り) ……… 小さじ1
  - ローズマリー (みじん切り) 小さじ1
  - 粗びき黒こしょう ………… 少々
- サラダ油 ……………………… 適量
- パセリ ………………………… 適量

【作り方】

① 鶏肉は皮を取って5mm角のみじん切りにし、さらに包丁でたたいて粘りを出す。ボウルに入れ、Aを加え、手でよく混ぜる。

② ①を4等分にし、串に貼りつけるように細長く成型する。

③ サラダ油を熱したフライパンで転がしながら、中火で中まで火を通し、器に盛って刻んだパセリを散らす。

しっとりした肉に
みそのコクと
さわやかな甘味が◎

カロリー(1人分):302kcal　糖質:19.7g

一品もの 11

鶏むね肉のみそマーマレード焼き　osusume⇨

【材料(2人分)】

o 鶏むね肉 ………………… 1枚
o 塩 ………………………… ふたつまみ
o 砂糖 ……………………… 小さじ2
o 薄力粉 …………………… 大さじ1〜2
o オリーブオイル ………… 大さじ1
┌ o マーマレードジャム … 大さじ2
A o みそ …………………… 大さじ1
└ o 酒 ……………………… 大さじ1
● クレソン ………………… 好みで

【作り方】

① 鶏肉は開いて食べやすい大きさに切り、塩と砂糖をふって5分ほどおき、薄力粉をまぶす。

② フライパンにオリーブオイルをひき、①を入れて弱めの中火で両面を焼く。

③ ②に混ぜ合わせたAを入れ、からめながら鶏肉に火が通るまで炒める。器に盛り、好みでクレソンを添える。

スパイシーな
砂肝には
ビールorワイン?

カロリー(1人分):**221**kcal　糖質:**2.1g**

一品もの12

砂肝のにんにくとクミンピリ辛炒め Osusume⇒ 🍺🍷🥂

【材料(2人分)】

- 鶏の砂肝 ……………… 250g
- 塩 ……………………… 小さじ1
- サラダ油 ……………… 大さじ1と1/2
- クミンシード ………… 大さじ1
- A 赤唐辛子(輪切り) … 2本分
- にんにく(薄切り) …… 1片分

【作り方】

① 砂肝は半分に切り、薄皮をそぎ落とすように取り除き、それぞれに2本切り込みを入れる。

② フライパンにサラダ油、Aを入れて中火にかけ、香りが立ったら①を入れる。

③ 砂肝の表面の色が変わったら塩を加え、火が通るまで加熱する。

漬け込んでおいて
レンチンで時短。
ふっくらジューシーに

カロリー(1人分)：329kcal　糖質：1.9g

一品もの13

チキンのドレッシングマリネ焼き　Osusume⇨

【材料(2人分)】
○鶏もも肉 ………………………… 1枚
○イタリアンドレッシング …… 大さじ4
○ベビーリーフ ………………… 適量

【作り方】

① 鶏肉はひとくち大に切り、耐熱ボウルに入れる。イタリアンドレッシングをよくもみ込み、ラップをして冷蔵庫で1時間〜半日漬け込む。

② ①を電子レンジで1分30秒加熱する。

③ フライパンを熱し、油をひかずに中火で火が通るまで焼く。器にベビーリーフをしき、その上に盛る。

ドレッシングが役立つ

家のみアレンジ

サラダにかけるだけではもったいない。かつおやまぐろのたたきにかけるとひと味違った仕上がりに。梅ドレッシングを焼きなすにかけるなど、種類によって市販ドレッシングの活躍の場は多岐にわたる。

63

ビールでじっくり
煮込んだお肉には、
やっぱりビール！

カロリー(1人分)：**402**kcal　糖質：**7.5**g

牛肉のビール煮 Osusume⇨ 🍺🍷

【材料(4人分)】

- 牛肉(シチュー用) ……… 600g
- 塩・こしょう ………… 各適量
- 薄力粉 ………………… 適量
- バター ………………… 15g
- 玉ねぎ ………………… 中1/2個
- ビール ………………… 1本(350㎖)
- 固形ブイヨン ………… 1個
- 水 ……………………… 1カップ
- アスパラガス ………… 4本

【作り方】

① 牛肉は塩、こしょうをふり、薄力粉をまぶし、バターをとかした鍋で中火でよく焼きつける。

② ①にくし形に切った玉ねぎを加えてよく炒め、ビール、固形ブイヨン、水を加えて弱火で肉がとろとろになるまで、60分〜1時間半ほど煮込み、塩、こしょうで味を整える。

③ 器に盛り、ゆでておいたアスパラガスを添える。

一品もの **15**

カロリー(1人分): **317kcal**　糖質: **17.5g**

スパイシーな牛すじには、赤ワインやいも焼酎で

牛すじ大根の黒こしょう風味 Osusume⇒

【材料(2人分)】

- 牛すじ肉 ……………… 200g
- 大根 …………………… 1/4本
- にんにく ……………… 2片
- 大根の葉 ……………… 適量
- サラダ油 ……………… 大さじ1

A
- だし汁 ………………… 500mℓ
- 酒 ……………………… 大さじ2
- 砂糖 …………………… 大さじ1と1/2
- しょうゆ ……………… 大さじ1と1/2
- みりん ………………… 小さじ2
- 黒粒こしょう ………… 小さじ1

【作り方】

① 牛肉は30分ほどゆで、流水でよく洗ってひとくち大に切る。

② 大根は皮をむいて3cm厚さのいちょう切りにし、耐熱皿にのせる。ラップをかけて電子レンジで5分加熱する。

③ 鍋にサラダ油とつぶしたにんにくを入れて加熱し、牛肉を入れて中火で炒める。

④ ②とAを加えて落としぶたをし、アクをすくいながら、弱めの中火で30分〜1時間煮る。刻んだ大根の葉を加えてさっと火を通す。

65

衣がサックサク♪
ざく切りの
キャベツがたっぷり!

一品もの16

カロリー(1人分)：448kcal　糖質：23.2g

ひとくちキャベツメンチ Osusume⇒

【材料(2人分)】

- 牛ひき肉 …………… 130g
- 玉ねぎ …………… 中1/4個
- キャベツの葉 ………… 2枚
- 薄力粉 …………… 小さじ2
- パン粉 …………… 適量

A
- 塩小さじ1/4　　こしょう少々
- ナツメグ少々　　溶き卵大さじ2

B
- 薄力粉大さじ3
- 卵1個

【作り方】

① 玉ねぎはみじん切りにする。キャベツは小さめにざく切りにして薄力粉をまぶす。

② ボウルに牛肉を入れて練り、Aを加えて練り混ぜ、①を加えてさらに混ぜる。

③ ②を6等分に丸めて空気抜きをし、混ぜ合わせたBにくぐらせ、パン粉をまぶしつける。

④ 揚げ油（材料外）を160℃に熱し、③を入れて火が通るまで揚げて取り出す。温度を180℃に上げ、再び鍋に入れてカラッとするまで揚げる。

味、香りとも
大葉と粉チーズが
いいアクセント！

カロリー(1人分)：**192**kcal　糖質：**0.9**g

一品もの**17**

コンビーフのピカタ Osusume⇒

【材料(2人分)】

- コンビーフ ……………………… 80g
- A ┌ ○ 卵 …………………………… 1個
　　○ 粉チーズ ………………… 大さじ1
　　└ ○ 大葉(みじん切り) ……… 5枚分
- オリーブオイル …………… 大さじ1
- ベビーリーフ ………………… 好みで

【作り方】

① コンビーフは5mm厚さに切る (冷やしておくと衣をつけやすい)。

② Aを混ぜ合わせて①を1枚ずつくぐらせ、オリーブオイルを熱したフライパンに並べて焼く。

③ 両面を焼いたら、Aに再びくぐらせてさらに両面を焼き、衣を厚くする。器に盛り、好みでベビーリーフを添える。

豆腐づくし 厳選22

no.1
オクラ+芽かぶ+長いも

たんぱくな冷や奴が個性的な味と食感をしっかり受け止めるわ!

no.2

しらすおろし

no.3
梅+削り節+しょうゆ

no.4
お酒好きにはみょうがが好きが多い気がする…

みょうがスライス+削り節+しょうゆ

no.5
アボカド+わさびじょうゆ

no.6
たっぷりかけてパンチ力UP

食べるラー油+小ねぎ

no.7

もみのり+大葉+しょうゆ

no.8
サクサク揚げ玉にしみ込ませて

揚げ玉+めんつゆ+ラー油+刻みのり

no.9

山形のだし

no.10

キムチ

no.11

刻み納豆＋ねぎ＋
卵黄＋しょうゆ

no.12

ジューシーな
お肉が
たまらない！

濃いめにタレをからめた焼肉
＋小ねぎ

no.13

とろろ昆布＋梅＋
しょうゆ

no.14

こぼれイクラ

no.15

ゆずこしょう＋
めんつゆ＋豆乳

no.16

チーズが
明太子を
やさしく包む

とけるチーズ＋
明太子＋黒こしょう

no.17

イタリアンだから
ワイン！？

トマト＋塩こしょう＋
オリーブオイル＋大葉

no.18

漬物いろいろ

no.19

お茶漬けの素

no.20

ポテトチップス＋
粉チーズ

no.21

かけるのではなく、
まぶすんです

ふりかけまぶし

no.22

パクチー＋チリソース

69

~長いもとベーコンを食感よく炒めて
カレー粉をしっかりからめる~

サクッ

サクッ

①

まぜ

まぜ

②

ジュージュー

③

♪

♪

できあがり

レシピは右ページ ⇨

一品もの18

カロリー（1人分）：228kcal　糖質：15.0g

長いもとベーコンのカレー炒め Osusume⇨

【材料(2人分)】

- 長いも ……………………… 250g
- ベーコン (ハーフ) ………… 6枚
- サラダ油 …………………… 大さじ1/2
- A ┌ カレー粉 ………………… 小さじ1
  └ しょうゆ ………………… 小さじ1/2

【作り方】

① 長いもは皮をむき、1cm厚さに切る。ベーコンは5mm幅に切る。

② フライパンにサラダ油を熱し、中火でベーコンを軽く炒めてから長いもを加え、さらに炒める。

③ 長いもに焼き色がついたら、Aを加えてよくからめる。

家のみ
グレードUP

香ばしさが漂い、サクサク、カリカリの食感はリズミカル♪

カレー粉
の
ポテンシャル

春巻き、ピカタ、各種炒め物、サラダ、チャーハンなど、カレー粉はあらゆる料理のアクセントになる。ビールはもちろん、ハイボールやチューハイとの相性もよい。

すりおろし、混ぜて
焼くだけで
ふっくら仕上がる！

カロリー(1人分)：**247**kcal　糖質：37.9g

一品もの *19*

大和いものお好み焼き Osusume⇨

【材料(2人分)】

- 大和いも 300g
- さきいか 40g
- 青のり 大さじ1と1/2
- 塩 小さじ1/2
- サラダ油 小さじ1/2
- 刻みのり .... 適量
- しょうゆ .... 適量
- わさび .... 適量

【作り方】

① 大和いもは皮をむいてすりおろす。さきいかは
2cm長さに切る。

② ボウルに①と青のり、塩を入れ
て混ぜ合わせる。フライパンに
サラダ油を熱し、中火で両面を
こんがりするまで焼く。

③ 器に盛ってのりを散らし、わさびじょうゆをつけ
ながらいただく。

食欲をそそる、
甘じょっぱさ。
熱々をビールと！

カロリー(1人分)：**116**kcal　糖質：**7.7**g

一品もの20

新じゃがのみそグリル Osusume⇒

【材料(4人分)】

○新じゃがいも ……………… 400g
○酒 ………………………… 大さじ1
○ごま油 …………………… 大さじ1
　┌○小ねぎ (小口切り) ……… 大さじ2
　│○砂糖 …………………… 小さじ1/2
A ○みそ …………………… 大さじ1
　│○しょうゆ ………………… 小さじ1/2
　└○酒 ……………………… 大さじ1

【作り方】

① じゃがいもは洗って水気をよくふき取り、半分に切る。

② フライパンにごま油をひき、①を並べて中火にかける。きつね色になったら酒をまわしかけ、ふたをして弱火で蒸し焼きにする。

③ 途中、何度かひっくり返してじゃがいもに火が通ったら、混ぜ合わせたAを加え、中火にしてからめる。

73

コク、酸味、甘味が
三重奏になった
ビストロ風おつまみ

一品もの21

カロリー(1人分):147kcal　糖質:8.1g

アボカドゴルゴンゾーラ焼き Osusume⇒ 🍷🍷

【材料(2人分)】
○アボカド ………………… 1/2個
○ゴルゴンゾーラチーズ ……… 30g
○メープルシロップ ……… 大さじ1
　(ない場合ははちみつ)
○レモン汁 ………………… 1/2個分
○粗びき黒こしょう ……… 少々

【作り方】
① アボカドは縦半分に切って種を取り除き、皮を
むいて5mm幅にスライスする。

② 耐熱容器に①を並べ、手でち
ぎったチーズを散らし、メープ
ルシロップをかける。あらかじめ
200℃に熱したオーブンに入れ、
5分ほど焼く。

③ レモン汁をかけ、こしょうをふっていただく。

ほくほくポテトを
粒マスタードで
大人な味わいに!

一品もの22

カロリー(1人分):192kcal　糖質:15.0g

クレソンとポテトの粒マスタード炒め Osusume⇒

【材料(4人分)】
- じゃがいも ……………… 中2個
- 玉ねぎ (5mm幅の薄切り) …… 中1/3個
- クレソン (3mm幅にカット) … 1束 (50g)
- 塩 ……………………… 少々
- オリーブオイル ………… 大さじ1

A
- 粒マスタード ………… 小さじ2
- 砂糖 ………………… 小さじ1/2
- 塩 …………………… 少々
- こしょう ……………… 少々

【作り方】

① じゃがいもはよく洗って芽を取り除き、皮ごと8つに
くし形切りにして水にさっとさらす。耐熱皿に並べて
ふんわりラップをかけ、電子レンジで2分加熱する。

② フライパンにオリーブオイルを熱し、①の水気をふい
て並べ、塩をふる。途中、足りなければオリーブオイ
ル少々 (材料外)を加え、弱～中火でじっくり焼く。

③ じゃがいもに焼き色がついたら奥に押しやり、手前
に玉ねぎを入れ、オリーブオイル少々 (材料外)を
かけて炒める。しんなりしたらAを加え、じゃがいも
と炒め合わせる。クレソンを加え、さっと炒める。

きのこのうま味が
あふれ出した
中華風おつまみ

一品もの23

カロリー(1人分):144kcal　糖質:6.4g

きのこのXO醤炒め Osusume⇨

【材料(2人分)】

○きのこ ………………………… 250g
　(まいたけ、しめじ、しいたけ、えのきたけなど)
○にんにく ……………………… 1片
○小ねぎ ………………………… 2〜3本
○XO醤 …………………………… 大さじ1
○しょうゆ ……………………… 小さじ2〜3
○サラダ油 ……………………… 大さじ1と1/2

【作り方】

① きのこはそれぞれ石づきを切り落とし、
　食べやすい大きさに手でさく。にんにく
　は薄切り、ねぎは4cm長さに切る。

② フライパンにサラダ油を熱し、きのことに
　んにくを入れ、ときどき混ぜながら中〜
　強火で焼きつけるように炒める。

③ 全体に火が通ったら、XO醤、ねぎを
　加え、鍋肌からしょうゆをまわし入れ、
　さっと炒め合わせる。

バターのコクと
明太子のピリ辛に
ビールがGOOD!

一品もの24

カロリー(1人分)：114kcal　糖質：4.3g

えのきの明太バター炒め Osusume⇒ 🍺🥛

【材料(2人分)】

- えのきたけ ……………… 小2袋 (200g)
- 辛子明太子 ……………… 1腹 (正味50g)
- 酒 …………………………… 大さじ1
- 小ねぎ(4cmの斜め切り) … 適量
- バター ……………………… 15g

【作り方】

① えのきは石づきを切り落とし、半分の長さに切ってほぐす。明太子は薄皮を除いてほぐし身にする。

② フライパンにバターを入れて中火にかけ、とけてきたらえのきを加え、酒をまわしかけて炒める。

③ しんなりしてきたら明太子を加えて炒め合わせる。器に盛り、ねぎを散らす。

えのきを使いきる

家のみ
グレードUP

えのきの石づきを切り落としたあと、軸がかたまった部分を調理。フライパンにえのきを入れてステーキのようにバターで焼く。卵の黄身をのせて、ジュッとしょうゆをかけて仕上げる。えのきの食感が楽しめる。

ナンプラーと
ごま油の香りが
ビールと相性バッチリ！

一品もの25

カロリー(1人分)：223kcal　糖質：0.9g

厚揚げと高菜のナンプラー炒め Osusume⇒ 🍺🍶🥤

【材料(2人分)】
- ○厚揚げ 1枚
- ○刻み高菜漬け 大さじ2強
- ○酒 大さじ1
- ○ナンプラー .... 小さじ2～3
- ○ごま油 大さじ1強
- ●糸唐辛子 .... 好みで

【作り方】

① 厚揚げは縦半分にして1cm幅に切り、水気があればふき取っておく。

② フライパンにごま油を熱し、厚揚げを並べ、中火で両面をしっかり焼く。

③ ②に高菜漬け、酒を加えてさっと炒め合わせ、ナンプラーを鍋肌からまわし入れる。器に盛り、好みで糸唐辛子をのせる。

カロリー(1人分):110kcal　糖質:6.8g

しみ込んだ味に
舌鼓を打つ。
焼酎は米も麦も◎

一品もの26

こんにゃくキムチ炒め Osusume⇒

【材料(2人分)】

- こんにゃく …………… 1/2枚 (125g)
- 白菜キムチ ………… 80g
- 酒 ………………… 大さじ1
- みりん …………… 大さじ1
- しょうゆ ………… 大さじ1/2
- 塩 ………………… 少々
- ごま油 …………… 大さじ1
- 焼きのり (全形) …… 1/4枚

【作り方】

① こんにゃくは薄くスライスし、味がしみやすいようめん棒や包丁の背などでたたく。キムチは食べやすい大きさに切る。

② フライパンにごま油をひき、中火にかけてこんにゃくを入れ、塩をふって炒める。こんにゃくから出る水分を飛ばすようにしながら、3～4分しっかりと炒める。

③ キムチ、酒、みりん、しょうゆを加えて炒め、全体によくからませる。器に盛り、ちぎったのりをかける。

ほくほくの食感と
にんにくじょうゆの
香ばしさが◎

一品もの27

カロリー(1人分):147kcal 糖質:11.1g

空豆のにんにくじょうゆ炒め Osusume⇨

【材料(2人分)】

○ 空豆(薄皮をむいた状態) … 150g
○ にんにく … 1片
○ しょうゆ … 大さじ2/3
○ サラダ油 … 大さじ1

【作り方】

① にんにくは薄切りにする。

② フライパンにサラダ油を熱し、弱火でにんにくを炒め、香りが立ったら空豆を入れて中火にする。

③ 全体に油がまわったら、しょうゆを加えて味をなじませる。

空豆 の 薄皮むきテク	薄皮の黒い部分に包丁で切り込みを入れてゆでると、ゆでたあとに皮がむきやすくなる。薄皮をむくことで味がよくしみ込むので、このひと手間は惜しまないように。

家のみ
グレードUP

80

ピリ辛の炒め物には
ビールはキンキン、
焼酎はロックで

カロリー(1人分):**101**kcal 糖質:**14.1**g

一品もの**28**

れんこんの青のり七味 Osusume⇨

【材料(4人分)】

○れんこん ………… 300g
○酒 ………………… 大さじ1
○砂糖 ……………… 大さじ2
○しょうゆ ………… 大さじ2
○青のり …………… 大さじ2
○七味唐辛子 ……… 小さじ1と1/2
○サラダ油 ………… 大さじ1

【作り方】

① れんこんは乱切りにして、水にさらす。

② フライパンにサラダ油を熱し、中火でれんこんを
炒める。透き通ってきたら酒、砂糖、しょうゆの
順に加え、その都度混ぜながら汁気がなくなる
まで煮からめる。

③ ボウルに青のりと七味唐辛子
を入れてよく混ぜ合わせ、②を
入れて和える。

カロリー(1人分):153kcal 糖質:9.1g

一品もの29

バターの風味で
さわやかな
洋風きんぴら

ごぼうのバターソテー
ブラックペッパーとレモンの風味

Osusume⇒ 🍺🍷🥛

【材料(4人分)】
- ごぼう ……… 2本
- レモン ……… 1/2個
- 酢 …………… 少々
- 塩 …………… 適量
- 黒こしょう … 適量
- バター ……… 50g
- パセリ ……… 適量

【作り方】

① ごぼうはよく洗い、皮をむかずに5cm長さにし、縦に2〜4等分する。ボウルに酢を入れ、10分アク抜きをする。

② 塩少々、レモン1/4個を入れた湯で①を7分ゆでる。ごぼうを取り出し水気を切る。ゆで汁大さじ3杯分を取っておく。

③ フライパンにバターをとかし、中火でごぼうが色づくまで炒める。塩、こしょうで調味し、器に盛る。

④ フライパンに残ったバターに②のゆで汁を加え、半分くらいに煮詰まったらごぼうにかける。レモンとパセリを添える。

市販ソースで簡単調理。
お好みの具材に
アレンジしても◎

一品もの30

カロリー(1人分):348kcal 糖質:18.5g

ねぎと白菜のみそグラタン Osusume⇨

【材料(2人分)】

- 長ねぎ ……………………… 2本
- 白菜 ……………………… 1/8個
- ミックスチーズ(ピザ用) … 1/2カップ
- オリーブオイル ………… 大さじ2
- A ┌ ○ホワイトソース ………… 1/2カップ
　　└ ○白みそ ……………………… 大さじ2

【作り方】

① ねぎは1cm幅の斜め切りにする。白菜の芯の部分は5cm長さ、1cm幅のせん切りにする。葉は粗く刻んでおく。

② フライパンにオリーブオイルを熱し、中火でねぎと白菜がくったりするまで炒め、混ぜ合わせたAを加えて炒め合わせる。

③ 耐熱容器にオリーブオイル(材料外)をぬり、②を入れてチーズをふりかける。オーブントースターや220℃のオーブンで5〜10分焼く。

相性のよい食材を
混ぜて詰めて焼いたら
ビールを呼ぶ逸品に!

カロリー(1人分):164kcal 糖質:2.5g

一品もの31

ズッキーニのマヨコンビーフボード Osusume⇨

【材料(2人分)】
- ○ ズッキーニ ………………… 1本
- A
  - ○ マヨネーズ ………………… 大さじ2
  - ○ コンビーフ ………………… 50g
  - ○ にんにく (すりおろし) … 1/2片分
  - ○ 粉チーズ …………………… 大さじ1

【作り方】
① ズッキーニは縦半分に切り、中身をくり抜く。
② ①の中身を粗く刻み、Aと混ぜ合わせてズッキーニに詰める。
③ オーブントースターで10分焼く。

ズッキーニ の 切り方	ズッキーニの切り方は、輪切りや角切り、細切りなどが多いが、ピーラーで薄切りにしたものをサラダに入れる、パスタに見立てた料理にするなどし、バリエーションを楽しめる。

家のみ
グレードUP

甘じょっぱくスパイシー。
お菓子のように
ポリポリ、とまらない！

章 お酒と好相性の"一品もの"

カロリー（1人分）：188kcal 糖質：30.3g

一品もの32

さつまいものスパイシーフライ Osusume⇨

【材料(4人分)】

- さつまいも ……… 小1本 (200g)
- A { ・ガラムマサラ …… 小さじ1
- ・塩 ……………… 小さじ1/2

**家のみ
グレードUP**

**揚げ物を
カリッと
させるコツ**

揚げ物はカリッとした食感が大切。さつまいもの水分をしっかりふき取ることがマスト。また、火が通ったら、最後に油の温度を上げると、外側がカリッと仕上がる。

【作り方】

① さつまいもはよく洗い、皮ごと5mm幅に斜め切りにしたあと、さらに5mm幅に切って棒状にする。さっと水にさらし、水気をよくふき取る。

② フライパンに油（材料外）を深さ1cmくらいまで入れ、①をカラリと揚げる。

③ ポリ袋にAを入れて混ぜ合わせ、油をよく切ってある程度冷ました②を入れ、シャカシャカとよくふってまぶす。

ちくわ づくし 厳選22

味や食感だけでなく、切り口の華やかさも家のみの演出に!

no. 1

アボカド＋わさびじょうゆ

お手頃なちくわを豪華に演出!

no. 2

チーズ

no. 3

きゅうり＋練り梅

no. 4

こぼれイクラ

no. 5

ツナ＋マヨネーズ

no. 6

いっぱい作って弁当にも!

ゆでアスパラ

no. 7

かいわれ大根＋クリームチーズ

no. 8

キムチ

no. 9

これぞ、お酒に合う塩梅!

しらす＋梅肉

no. 10

かにかま

※ちくわの穴にうまく詰められない場合は、ちくわに縦に切り込みを入れて詰めてください。

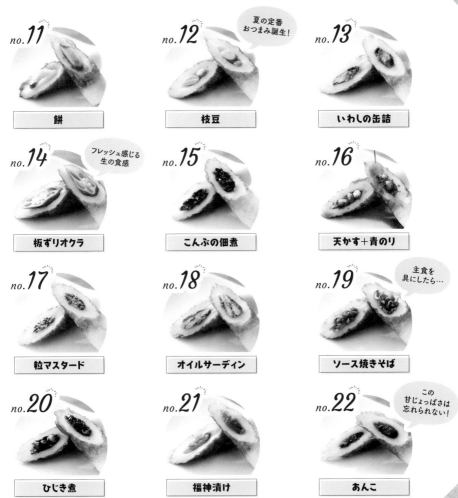

no.11 餅

no.12 枝豆
夏の定番 おつまみ誕生!

no.13 いわしの缶詰

no.14 板ずりオクラ
フレッシュ感じる 生の食感

no.15 こんぶの佃煮

no.16 天かす＋青のり

no.17 粒マスタード

no.18 オイルサーディン

no.19 ソース焼きそば
主食を 具にしたら…

no.20 ひじき煮

no.21 福神漬け

no.22 あんこ
この 甘じょっぱさは 忘れられない!

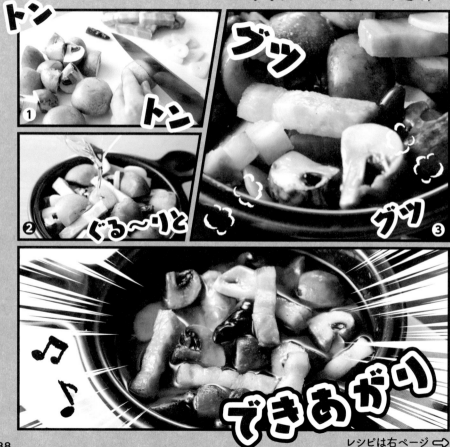

レシピは右ページ ⇨

オイルのしみ込んだ
マッシュルームが◎
バゲット＋ワインで♪

カロリー(1人分)：446kcal(オイル含む)　糖質：1.2g

一品もの33

マッシュルームとベーコンのアヒージョ Osusume⇒ 🍺🍷

【材料(2人分)】
- マッシュルーム ………………… 6個 (約80g)
- ベーコン (ブロック) ………… 60g
- にんにく ………………………… 1片
- 赤唐辛子 ………………………… 1本
- オリーブオイル ………… 80mℓ
- A 塩 …………………………… 小さじ1/3
- こしょう ……………………… 少々

【作り方】
① マッシュルームは4等分に、ベーコンは好みの大きさに切り、にんにくは薄切りにする。唐辛子はヘタと種を取り除いておく。

② 耐熱容器に①を入れ、Aを加える。

③ ②を200℃に温めたオーブンで7〜8分加熱したら一度全体を混ぜ合わせ、さらに7〜8分焼く。

※バゲットにのせて食べてもおいしいです。

89

一品もの34

カロリー(1人分)：832kcal(オイル含む)　糖質：4.4g

さば缶と長ねぎのアヒージョ　Osusume⇒ 🍺🍷🍷

【材料(2人分)】

- さば缶(水煮、190g入り) ……… 1缶
- 長ねぎ ……………………………… 1/2本
- にんにく ………………………… 3片
- 赤唐辛子 ………………………… 2本
- 塩 ……………………………… 小さじ1/4
- オリーブオイル …………………… 150mℓ

【作り方】

① ねぎは斜めに薄切り、にんにくはみじん切り、唐辛子はヘタと種を取る。

② 小鍋に汁気を切ったさば、①、オリーブオイルを入れて弱火にかける。

③ フツフツと沸いてねぎがしんなりしたら、塩を加える。

※バゲットにのせて食べてもおいしいです。

焼き肉のたれで
簡単調理。しっかり味で
ビールに合う!!!

カロリー(1人分):617kcal　糖質:13.7g

一品もの35

簡単チーズタッカルビ Osusume⇒ 🍺🍷📱

【材料(2人分)】

○鶏もも肉 ……………………… 小1枚 (250g)
○キャベツの葉 ………………… 2枚
○玉ねぎ ………………………… 中1/4個
○にら …………………………… 1/6束 (30g)
○焼き肉のたれ ………………… 大さじ3
○ミックスチーズ (ピザ用) …… 120g
○ごま油 ………………………… 大さじ1

【作り方】

① 鶏肉をひとくち大に切る。キャベツはひとく
ち大にちぎる。玉ねぎは繊維を断つように
薄切りに、にらは4cm長さに切る。

② フライパンにごま油を熱し、中火で鶏肉、
玉ねぎ、キャベツの順に炒め、鶏肉に火が
通ったら焼き肉のたれをからめる。

③ ②にチーズをのせ、とけ始
めたらにらをのせる。

めんつゆと酒で
さっと煮。ほっとする
簡単おつまみ

カロリー(1人分):192kcal 糖質:10.6g

一品もの36

鶏肉と長ねぎの簡単すき煮 Osusume⇒

【材料(2人分)】

○鶏むね肉(皮なし) ……………… 160g
○長ねぎ ………………………………… 1本
○めんつゆ(ストレートタイプ) …… 150㎖
○酒 ……………………………………… 大さじ1
○粉山椒 ……………………………… 少々
○温泉卵 ……………………………… 1個

【作り方】

① 鶏肉は食べやすい大きさに切り、7〜8mm厚さのそぎ切りにする。ねぎは1cm幅に斜め切りする。

② 小鍋にめんつゆを入れて煮立てた後、酒を加えて鶏肉を1枚ずつ入れ、ねぎを加えてふたをする。弱めの中火で鶏肉に火が通るまで煮る。

③ 火を止めて、粉山椒をふり、温泉卵をのせる。

ちょっとひと手間で
ワインにも合う
イタリアンな一品に！

カロリー(1人分)：118kcal　糖質：1.3g

一品もの37

からふとししゃものガーリックソテー Osusume⇒ 🍺🍷🍸

【材料(2人分)】

○からふとししゃも ⋯⋯ 6尾
○にんにく ⋯⋯⋯⋯⋯⋯ 1/2片
○白ワイン ⋯⋯⋯⋯⋯⋯ 大さじ1
○塩 ⋯⋯⋯⋯⋯⋯⋯⋯⋯ 少々
○こしょう ⋯⋯⋯⋯⋯⋯ 少々
○オリーブオイル ⋯⋯ 大さじ1/2
○パセリ ⋯⋯⋯⋯⋯⋯⋯ 適量
○レモン ⋯⋯⋯⋯⋯⋯⋯ 適量

【作り方】

① フライパンにみじん切りにしたにんにく、オリーブオイルを入れて弱めの中火にかける。

② にんにくの香りが立ったら、からふとししゃもを加えて両面を香ばしく焼く。

③ 白ワインを加えてアルコールを飛ばし、塩、こしょうで味をととのえる。器に盛り、みじん切りにしたパセリをふってレモンを添える。

マヨネーズと
オリーブのコクが
おつまみにぴったり!

一品もの38

カロリー(1人分):191kcal　糖質:1.4g

オイルサーディンとオリーブのチーズ焼き Osusume⇨

【材料(2人分)】
- オイルサーディン缶 …… 50g
- 黒オリーブ …………… 2粒
- 粗びき黒こしょう ……… 少々
- マヨネーズ …………… 大さじ1
- ミックスチーズ(ピザ用) …… 25g
- パン粉 ………………… 大さじ1

【作り方】
① オリーブは種を除いて薄切りにしておく。

② オイルサーディンを耐熱皿に移し、①をのせる。こしょうをふり、マヨネーズ、チーズ、パン粉をのせる。

③ オーブントースターで5〜8分、チーズがとけて焼き色がつくまで焼く。

野菜を合わせてさわやかに　湯むきして1cm角に切ったトマト、玉ねぎのスライス、オイルサーディンを合わせて、栄養価もUP。白ワイン、レモン、黒こしょう、しょうゆ、塩で作るドレッシングで和えると、さわやかなおつまみに。

家のみ
アレンジ

ほたるいかのワタと
バターじょうゆで
あとを引くおいしさ

カロリー(1人分):102kcal 糖質:0.6g

一品もの39

ほたるいかのバターじょうゆ炒め Osusume⇒ 🍺🍷🍷

【材料(2人分)】
- ほたるいか (ボイル) ····· 120g
- しょうゆ ····················· 小さじ1
- 粗びき黒こしょう ······· 少々
- バター ························· 10g
- パセリ (みじん切り) ····· 少々

【作り方】

① ほたるいかは、目と口を取る。

② フライパンにバターを入れて火にかけ、とけてきたら
ほたるいかを加えて炒める。

③ 全体をムラなく炒めたらこしょうをふり、鍋肌から
しょうゆを加えて調味する。器に盛り、パセリをふる。

| ほたるいか の 下処理 | 目と口を取ると口当たりがよくなる。写真のように手でつまんで取り除くだけ。料理によっては軟骨も取り除いて調理することがある。 |

家のみ
グレードUP

ウイスキーが
ほんのり香る
あさりには
ウイスキーが外せない

一品もの40

カロリー(1人分)：40kcal　糖質：0.8g

あさりのウイスキー蒸し Osusume⇨

【材料(2人分)】
- 殻つきあさり ────── 300g
- にんにく (みじん切り) ── 1片分
- ウイスキー ────────── 大さじ2

【作り方】

① あさりは砂抜きをしておく。

② 深めのフライパンににんにく、あさり、ウイスキーを入れて強めの中火でアルコールを飛ばし、ふたをして中火に落とし、あさりの殻が開くまで蒸し煮する。

| 時短！
あさりの
砂抜き | 塩水に浸けて塩抜きする時間がないときは、水を入れたボウルに、あさりを入れたザルを入れ、ぐるぐるかき混ぜると砂をはかせることができる。 |

家のみ
グレードUP

とろとろ卵に
キムチのパンチが
いい感じ♪

カロリー(1人分):254kcal 糖質:2.8g

一品もの 41

モッツァレラキムチスクランブル Osusume ⇒

【材料(2人分)】

- 卵 ……………………… 3個
- モッツァレラチーズ … 50g
- 白菜キムチ ……………… 50g
- しょうゆ ………………… 小さじ1
- 小ねぎ …………………… 少々
- サラダ油 ………………… 大さじ1

【作り方】

① チーズは1cm角に切る。キムチは大きければ食べやすい大きさに切る。

② ボウルに卵を割り入れてほぐし、①としょうゆを加えてざっくり混ぜる。

③ フライパンにサラダ油を熱し、中火にして②を一気に流し入れる。周りがかたまってきたら、木べらで大きく混ぜる。半熟状で器に盛り、小口切りにしたねぎを散らす。

切ってのせて焼くだけ。
たくあんの食感が
小気味よい!

カロリー(1人分):95kcal 糖質:4.5g

一品もの 42

サクサクマヨネーズちくわ Osusume⇒

【材料(2人分)】

- ちくわ(小) ………… 2本
- ツナ缶 ………… 大さじ1
- たくあん ………… 5枚
- マヨネーズ ………… 小さじ2
- パン粉 ………… 適量
- パセリ(みじん切り) … 適量

【作り方】

① たくあんは細切りにし、ちくわは縦半分に切っておく。

② ちくわの内側のくぼみ部分に、汁を
切ったツナとたくあんをのせ、マヨ
ネーズとパン粉をかける。

③ オーブントースターに入れ、約2分、パン粉がカリッ
となるまで焼き、器に盛りつけてパセリを散らす。

**たくあんを
料理の材料に**

漬物としてそのままでもおいしいたくあんは、具材としても幅広く
使える。短冊切りにしたたくあんを豚肉と炒めるだけで、食べ応
えのある一品に。大根とは違う食感を楽しめる。

家のみ
グレードUP

納豆を食べやすく!
チーズが香ばしく
ビールに合う!!

一品もの 43

カロリー(1人分):514kcal 糖質:14.5g

納豆せんべい Osusume⇒

【材料(1人分)】

- 納豆 ……………………… 1パック
- 小ねぎ …………………… 2本
- ちりめんじゃこ …………… 大さじ3
- ミックスチーズ (ピザ用) … 大さじ2
- しょうゆ ………………… 小さじ2
- 薄力粉 …………………… 大さじ1と1/2
- 水 ………………………… 大さじ1と1/2
- ごま油 …………………… 大さじ2
- 七味唐辛子 ……………… 適量

【作り方】

① ねぎは小口切りにする。

② ボウルに、納豆、ねぎ、じゃこ、チーズ、しょうゆを入れて混ぜ、さらに薄力粉と水を混ぜたものを加えてよく混ぜ合わせる。

③ フライパンにごま油をひき、②をスプーンですくってフライパンに丸く広げ、弱めの中火にして両面を焼く。七味唐辛子をふっていただく。

盛り上げ
レシピ

乾き物 編

そのままでもいいけど
ひと手間かけたら
テンションUP!

A

B

C

D

A ごまナッツ

カロリー(1人分):**265**kcal 糖質:**4.2**g

Osusume⇒

【材料(1人分)】
- ミックスナッツ (有塩) … 40g
- 黒いりごま ………………… 小さじ1
- 田楽みそ ………………… 小さじ1

【作り方】
① ミックスナッツ、ごま、田楽みそをボウルに入れて混ぜ合わせる。田楽みそがない場合は、同量のみそと砂糖を合わせて水で少しのばしたものを使用。

C 柿の種チーズ

カロリー(1人分):**217**kcal 糖質:**12.2**g

Osusume⇒

【材料(2人分)】
- 柿の種 ………………… 34g
- カマンベールチーズ … 90g

【作り方】
① 柿の種は袋の上からパンパンとたたき、ほどよく砕く。チーズはひとくち大に切り、砕いた柿の種の袋に入れる。

② 柿の種がチーズの切り口にくっつくように袋をもむ。

B さきいかペペロンチーノ

カロリー(1人分):**134**kcal 糖質:**4.9**g

Osusume⇒

【材料(2人分)】
- さきいか ………………… 50g
- ごま油 ………………… 大さじ1
- にんにく(みじん切り) … 小さじ1
- 赤唐辛子 ………………… 1本

【作り方】
① フライパンにごま油とにんにく、ヘタと種を取り除いてちぎった唐辛子を入れ、弱火にかける。

② にんにくの香りがしてきたらさきいかを加え、全体にからめる。

D じゃことくるみのハニーガーリック

カロリー(1人分):**290**kcal 糖質:**10.5**g

Osusume⇒

【材料(2人分)】
- ちりめんじゃこ … 40g
- くるみ (無塩) … 60g
- ごま油 ………… 大さじ1/2
- 白いりごま …… 少々

A
- しょうゆ … 小さじ2
- にんにく(すりおろし) … 少々
- はちみつ … 大さじ1

【作り方】
① フライパンにごま油をひき、じゃこを入れて弱火～中火にかけ、カリカリになるまで炒める。

② くるみを加えて炒め、くるみから油が出てきたら、Aを加えて混ぜ合わせ、ごまをふる。

気軽にワインを楽しもう！

〜スクリューキャップになって、より身近になったワイン〜

意外に知らなかった、ワインのスクリューキャップの開け方のコツ

一方の手でキャップの首部分を握り、しっかり固定する。もう一方の手でボトルの下部分を持ち、キャップがカチッと音がするまでボトルを回して開栓する。

開栓方法

一方の手でこの部分をしっかり握る

ボトルを回して開栓します

ワインの豆知識はこちらから

https://www.asahibeer.co.jp/s/r-wine/

キャップの上を回しちゃって、うまく開かなかった経験をした人、必見です！

アルパカで気軽に、ほんのりデザート風アレンジ♪

白ワイン×フルーツ缶詰

冷やしたフルーツ缶詰のシロップを軽く切って器に入れ、冷やしたアルパカ・シャルドネ・セミヨンを好みの量注ぐ。

ホットワイン×ジャム

アルパカ・カベルネ・メルローを耐熱性の容器に入れ、電子レンジで温める。約100mℓに対し、小さじ1のいちごジャムを加えて混ぜる。

白ワインにはマーマレードがおすすめ！

3章

お酒と合わせる "お食事系"

食事と一緒にお酒を飲みたい人にはこれ！
麺や丼もお酒に合うテイスト仕立てに。

~餃子を焼いたら
チーズを入れてこんがりと!~

レシピは右ページ⇨

チーズのはねが
やみつきになる餃子。
ビールが間違いない！

カロリー(1人分)：**394**kcal　糖質：**32.7**g

お食事系 1

カリカリチーズはねつき餃子　Osusume⇨ 🍺🥛🍷

【材料(2人分)】
- 餃子 10個
- 水 50mℓ
- ミックスチーズ(ピザ用) ... 50g
- サラダ油 小さじ2
- トマトケチャップ .... 適量

※市販餃子の種類によっては、水なしで焼けるものもあります。

【作り方】

① フライパンにサラダ油をひいて中火にかけ、餃子を並べて少し焼き、水をまわし入れてふたをし、さらに焼く。

② 水分が少なくなったらふたを開けて水分を飛ばし、空いている部分にチーズを散らす。

③ チーズがカリカリに焼けたら、フライパンに皿をかぶせて返しながら盛り、ケチャップを添える。

パンチのある
味わいに
ビールも
赤ワインも◎

お食事系2

カロリー（1人分）：282kcal　糖質：29.1g

牛肉春雨棒餃子　Osusume⇒ 🍺 📻 🍷

【材料（4人分）】

- 春雨（乾燥）................ 40g
- 牛薄切り肉................ 200g
- にら................ 5本
- 餃子の皮（大判）................ 20枚
- ごま油................ 適量

A
- 塩・こしょう各適量
- にんにく（すりおろし）小1片分
- しょうが（すりおろし）小1片分
- オイスターソース小さじ1と1/2
- しょうゆ小さじ1　● 酒大さじ1

【作り方】

① 細切りにした牛肉、水で戻して4cm長さに切った春雨をボウルに入れ、Aとよく混ぜ合わせる。

② にらは餃子の皮より少し長く切る。餃子の皮に20等分にした①のあんとにらをのせ、両端が少し真ん中で重なるように筒状に包む。

③ フライパンにごま油を薄くひいて熱し、ふたをして中火で3～5分焼く。

※一味唐辛子をふって食べてもおいしいです。

定番のおつまみも丸い形にすればテンションUP!

お食事系3

カロリー(1人分):333kcal　糖質:27.6g

えびにら餃子 Osusume⇨ 🍺▱🍶🍷

【材料(4人分)】

- えび(むき身) ……… 180g
- 豚バラ肉(薄切り) … 50g
- 餃子の皮 ………… 48枚
- にら ……………… 1束
- 長ねぎ …………… 1/3本
- しょうが ………… 1片
- A 「●塩小さじ1/2 ●こしょう少々
  └ ●卵白1個分 ●ごま油小さじ2
- 卵黄 ……………… 1個(ぬり用)

※時間をおくと皮が具の水分でふやけて、焼いているときにはねるので注意。

【作り方】

① えびは背ワタを取り、塩(材料外)と片栗粉(材料外)をふりかけてよくもむ。水洗いをして水気をふき取り、みじん切りにする。豚肉はみじん切りにする。

② ①をボウルに入れ、Aを加えてよくもみ込む。小口切りにしたにら、みじん切りにしたねぎとしょうがを加え、さらに混ぜ合わせる。

③ 餃子の皮の中心に具をのせ、皮のまわりに卵黄をぬり、もう1枚をかぶせる。端に卵黄をぬって折る。

④ フライパンにサラダ油(材料外)を多めに入れ、両面を揚げ焼きにする。

市販の味つきモツで
簡単調理＆うまうまに！
おつまみにも〆にも

カロリー(1人分)：357kcal　糖質：41.3g

お食事系 4

ホルモン焼きうどん Osusume⇨ 🍺🥛🍷

【材料(4人分)】
- ゆでうどん ……………… 600g
- 味つき牛モツ (みそ味) …… 300g
- 玉ねぎ …………………… 中1/2個
- にんじん ………………… 1/3本
- キャベツの葉 …………… 2枚 (100g)
- ピーマン ………………… 2個
- しょうゆ ………………… 大さじ1と1/2
- 塩 ………………………… 少々
- こしょう ………………… 少々
- サラダ油 ………………… 大さじ2

【作り方】
1. 玉ねぎは5mm幅に、にんじんは短冊切り、キャベツはひとくち大に切る。ピーマンはヘタと種を取り除き、横1cm幅に切る。

2. 鉄板にサラダ油を熱し、中火で①を炒める。玉ねぎが透き通ってきたら、モツ、しょうゆを加えてサッと炒め合わせる。

3. うどん、水90㎖ (材料外) を加えて30秒ほどおき、うどんをほぐしながら炒める。水分がほぼ飛んだら塩、こしょうで味をととのえる。

残りものカレーを
リメイクしたら
絶品おつまみに!

カロリー(1人分):385kcal 糖質:53.9g

お食事系 5

カレー焼きうどん Osusume⇨ 🍺 🍶 🥃 🥛

【材料(1人分)】

● ゆでうどん 200g
● カレー 100g
● キャベツの葉 .... 1枚(50g)
A ┌ ● しょうゆ 大さじ1/2
  └ ● 豆板醤 小さじ1/4
● 長ねぎ .... 適量
● 削り節 .... 適量
● サラダ油 小さじ1

【作り方】

① キャベツは4cm角のざく切りにする。ゆでうどんとカレーを温めておく。

② フライパンにサラダ油を熱し、中火でキャベツを炒め、油がまわったらうどんを加え、水50mℓ(材料外)をかけてほぐし炒める。

③ うどんがほぐれたら、混ぜ合わせたAをかけて炒め合わせ、味がなじんだらカレーを加えてからめる。器に盛り、小口切りにしたねぎと削り節をかける。

コクうまダレが絶妙。
おつまみとしても
〆としても♪

カロリー(1人分):379kcal 糖質:34.9g

お食事系 6

汁なし担々麺 Osusume⇒

【材料(2人分)】

- 豚ひき肉 ……………………………… 100g
- 長ねぎ(粗みじん切り) ……………… 1/2本分
- にんにく・しょうが(みじん切り) … 各1片分
- 豆板醤 ……………………………… 小さじ1
- 生中華麺(平打ち麺) ……………… 220g
- 小ねぎ ……………………………… 適量
- ピーナッツ ………………………… 適量

A { ● 酒・しょうゆ・甜麺醤各大さじ1
    ● 砂糖小さじ1

B { ● 黒酢・しょうゆ・練りごま(白) 各大さじ1
    ● ごま油小さじ1 ● ラー油大さじ2

【作り方】

① 中華鍋にサラダ油大さじ1(材料外)を熱し、豆板醤と長ねぎ、にんにく、しょうがを入れて弱火で炒める。香りが立ったら豚肉を加えて中火で色が変わるまで炒め、Aを入れてからめる。

② Bをボウルでよく混ぜ、①を加えて混ぜ合わせておく。中華麺を表示通りにゆで、水洗いして水切りし、タレに入れてからめる。

③ 器に盛り、小口切りにした小ねぎ、粗みじん切りにしたピーナッツを散らす。

110

シンプルで
ビールに合う！
焼酎なら
ソーダ割が◎

カロリー(1人分)：260kcal　糖質：16.1g

お食事系7

にらともやしの塩焼きそば　Osusume⇒ 🍺 🥃

【材料(4人分)】

- にら ……………………… 1束
- にんにく ………………… 1/2片
- 赤唐辛子 ………………… ひとつまみ
  （ヘタと種を取って小口切り）
- 豚ひき肉 ………………… 200g
- 塩・こしょう …………… 各適量
- 黒豆もやし ……………… 1袋
- 蒸し中華麺 ……………… 150g
- オイスターソース ……… 大さじ1と1/2
- しょうゆ ………………… 大さじ1
- ごま油 …………………… 大さじ1

【作り方】

1. にらは5cm幅に、にんにくはみじん切りにする。

2. フライパンにごま油、にんにく、唐辛子を入れて弱火にかける。香りが立ったら豚肉を入れて塩、こしょうをふり、中火で炒める。

3. 豚肉が色づいたらもやしを加えて炒め、麺を入れて酒大さじ1（材料外）をふりかける。

4. 麺をほぐし、オイスターソース、塩ひとつまみを加えて和える。にらを加えてさっと炒め、鍋肌からしょうゆを入れて混ぜる。

111

香ばしい麺にはキンキンに冷えたビールが合う♪

カロリー(1人分):412kcal 糖質:32.9g

お食事系 8

チンジャオロース焼きそば

Osusume ⇨

【材料(2人分)】

- 蒸し中華麺 ……………… 300g
- 牛肩ロース肉 …………… 200g
- ピーマン ………………… 4個
- にんにく (みじん切り) …… 大さじ2
- しょうが (みじん切り) …… 大さじ2
- 長ねぎ (みじん切り) …… 大さじ2
- オイスターソース ……… 大さじ2
- 紹興酒 …………………… 大さじ4
- 塩・こしょう …………… 各適量
- サラダ油 ………………… 大さじ2

【作り方】

1. 麺をほぐし、フライパンで油なしで焼きつけておく。牛肉とピーマンは細切りにする。

2. フライパンにサラダ油をひき、中火でにんにく、しょうが、ねぎを炒める。香りが出てきたら、牛肉を加えて炒め、紹興酒を加える。

3. ②にオイスターソースとピーマンを加えてさらに炒める。麺を加え、塩、こしょうで味をととのえる。

なめたけの風味が
ひと味違う。
〆のご飯のお供にも!

カロリー(1人分)：324kcal 糖質：37.2g

お食事系 9

手作りなめたけのトースト Osusume⇒ 🍺🍷🥃

【材料(2人分)】

- えのきたけ ……………… 1袋(200g)
- A ┌ しょうゆ ……………… 大さじ3
  │ みりん ……………… 大さじ2
  └ 砂糖 ……………… 大さじ1/2
- 食パン(8枚切り) …… 2枚
- ミックスチーズ ……… 適量
  (ピザ用)
- ミニトマト ……………… 4個
- バター ……………… 大さじ1
- セルフィーユ ……… 好みで

※なめたけは作りやすい分量にしています。

【作り方】

① えのきは石づきを切り落とし、3等分に切ってほぐす。ザルに移してさっと洗い、水を切る。

② 鍋に①とAを入れ、弱火で全体を炒め合わせ、えのきから水分が出始めたら中火にする。ときどきかき混ぜながら、水分がなくなるまで10分ほど煮詰める。

③ 食パンの耳を落とし、1枚を縦長に4等分する。トマトは4つに輪切りにする。パンにバターをぬって②を大さじ1ずつ、トマト2枚ずつ、チーズをのせる。オーブントースターでチーズがとけ、パンがカリッとするまで焼く。好みでセルフィーユを添える。

揚げたての
サクサク食感が◎
ビールやハイボールに

カロリー(1人分):156kcal　糖質:13.1g

お食事系 10

空豆えびパン Osusume⇒ 🍺🍷🥂🍹

【材料(4人分)】

- 空豆 (ゆでてさやから出したもの) ····· 70g
- むきえび (生) ································· 70g
- 玉ねぎ (みじん切り) ···················· 50g
- しょうが (すりおろし) ··············· 1/2片分
- 卵 ····························· 1/2個
A 片栗粉 ···························· 小さじ2
- ナンプラー ························ 小さじ1
- 塩 ···························· 少々
- こしょう ···························· 少々
- サンドイッチ用食パン ··············· 4枚

【作り方】

① 空豆は塩少々 (材料外) を入れた熱湯でさっとゆで、薄皮をむいて細かく刻む。えびは背ワタを取り除いて包丁でたたく。

② ボウルに①とAを入れてよく混ぜ、4つに切った食パンにのせて平らにする。

③ 170℃の揚げ油 (材料外) に具をのせた面を下にして入れ、両面を色よく揚げる。

15分で簡単調理。
濃厚な味には
もちろんビール！

カロリー(1人分)：585kcal　糖質：54.2g

餅みそマヨネーズグラタン　Osusume⇨ 🍺 📖 🥛

【材料(2人分)】

- 餅 ･･･････････････････････ 4切れ(200g)
- 長ねぎ ･･･････････････････ 1/2本
- ミックスチーズ(ピザ用) ･･･ 80g
- A ┌ ● マヨネーズ ･･･････････ 大さじ4
　 └ ● みそ ･･･････････････････ 大さじ1
- オリーブオイル ･･･････････ 適量

【作り方】

① 餅は6等分に切り、ねぎは
　斜め薄切りにする。

② ボウルにAを混ぜ合わせ、
　①を入れて和える。

③ オリーブオイルをぬった耐熱皿に②を入れ
　てチーズをのせ、オーブントースターで7
　〜10分、薄く色づくまで焼く。

**餅はチーズと
相性よし**　ひとくち大に切った餅にゴルゴンゾーラをのせ、焼きのりを巻いて
衣をつけ、天ぷらにしてもおいしい。　**家のみ
グレードUP**

115

ホットプレートで
ワイワイ楽しめる♪
アツアツをビールと!

カロリー(1人分):166kcal　糖質:24.8g

お食事系12

餅ピザ Osusume⇒

【材料(5人分)】
- 薄切り餅(鍋用) ……… 180g
- 玉ねぎ ……………… 中1個
- ピーマン ……………… 2個
- ミニトマト …………… 12個
- ピザソース …………… 100g
- ミックスチーズ(ピザ用)… 1/2カップ

【作り方】
① 玉ねぎとピーマンは薄切りにし、トマトは半分に切る。

② 200〜230℃に熱したホットプレートに餅、ピザソース、玉ねぎ、ピーマン、トマト、チーズをのせ、ふたをして焼く。

ホットプレート での加熱テク	火が通りやすいように具材は薄切りにし、均一に並べると加熱ムラを防げる。	家のみ グレードUP

小気味よい食感の
きんぴらのみを
おつまみにしても◎

カロリー(1人分):328kcal 糖質:30.0g

お食事系13

れんこんナッツのきんぴら丼 Osusume⇒

【材料(2人分)】

- れんこん ……………… 8cm (150g)
- ミックスナッツ (有塩) … 100g
- ししとう ……………… 6本
- しょうが ……………… 1片
- 酒 …………………… 大さじ3
- みりん ……………… 大さじ2
- しょうゆ ……………… 大さじ2
- ご飯 ………………… 200g
- 白いりごま ……………… 適量
- 七味唐辛子 …………… 少々
- ごま油 ……………… 大さじ1

【作り方】

① れんこんは3cm長さ、1cm角の細切りに、しょうがはせん切りにする。

② フライパンにごま油としょうがを入れて弱火で熱し、香りが立ってきたらミックスナッツを入れて中火で1分ほど炒める。

③ ②にれんこんとししとうを加えて炒め、弱火にして酒、みりん、しょうゆの順番で加え、汁気が少なくなるまで炒め煮をする。

④ 丼にご飯をよそい③をのせて、トッピングにごまと七味唐辛子をふる。

117

うま味エキスが
たっぷり！
ビールもワインも◎

カロリー（1人分）：**269kcal**　糖質：**40.5g**

お食事系 **14**

かきとエリンギのバターじょうゆのっけ丼 Osusume⇨

【材料(2人分)】

- かき（加熱用）… 120g
- エリンギ ……… 2本 (100g)
- にんにく ……… 2片
- 薄力粉 ………… 適量
- 酒 ……………… 大さじ1
- しょうゆ ……… 大さじ1
- バター ………… 10g
- ほうれん草 …… 1/2束 (220g)
- 塩・こしょう … 各少々
- ご飯 …………… 400g

【作り方】

① かきは下処理し（P.52参照）、こしょうをふり、薄力粉をまぶす。エリンギは4cm長さに切り、十字に4等分する。

② にんにくは薄切りにし、フライパンにサラダ油大さじ1（材料外）をひき、弱火で炒めて取り出しておく。

③ ほうれん草はゆでて4cm長さに切り、水気をよくしぼる。②のフライパンで炒め、塩、こしょうで調味し、取り出しておく。

④ ③のフライパンでかきとエリンギを焼き、酒を加えてアルコールを飛ばす。しょうゆを加えてバターをからめる。ご飯をよそって具をのせ、②を散らす。

丼にしてもしなくても
コクうまの牛すじは
お酒のお供に◎

カロリー(1人分)：652kcal　糖質：84.6g

お食事系 15

牛すじ肉の甘辛煮丼 Osusume⇒ 🍺🍶🍷🥃

【材料(4人分)】

- 牛すじ肉 ⋯⋯⋯⋯⋯⋯⋯ 500g
- しょうが・にんにく ⋯⋯ 各1片
- 赤唐辛子 ⋯⋯⋯⋯⋯⋯⋯ 1本
  (ヘタと種を取る)
- 水 ⋯⋯⋯⋯⋯⋯⋯⋯ 2と1/2カップ
- 酒 ⋯⋯⋯⋯⋯⋯⋯⋯⋯ 1カップ
- 砂糖・みりん ⋯⋯⋯⋯ 各大さじ2
- しょうゆ ⋯⋯⋯⋯⋯⋯⋯ 大さじ4
- 長ねぎ(白い部分) ⋯⋯ 1/2本
- ご飯 ⋯⋯⋯⋯⋯⋯⋯⋯ 800g
- ごま油 ⋯⋯⋯⋯⋯⋯⋯ 大さじ1/2

【作り方】

① 鍋に水(材料外)と洗った牛肉を入れ、沸騰したら中火で2～3分、アクを取りながらゆでる。流水で脂を落とし、ひとくち大に切る。

② 鍋に①と薄切りのしょうが、水、酒を入れ、沸騰したらふたをして中火で45分ほど煮る。砂糖を加えて15分、さらにしょうゆ、みりん、半分に切ったにんにく、唐辛子を加え、ふたをしてときどき混ぜながら煮込む。

③ 器にご飯をよそい、薄切りにしてごま油でさっと炒めたねぎを広げ、煮詰めた②をのせる。

雑炊にする場合は
とけるチーズを
入れると美味!

お食事系 16

カロリー(1人分):525kcal　糖質:29.6g

豆腐キムチ鍋 Osusume⇔ 🍺🥛🥤

【材料(4人分)】

- おぼろ豆腐 .... 2パック(500g)
- 白菜キムチ 150g
- にんじん・長ねぎ 各1/2本
- 玉ねぎ 中1/2個
- にら .... 1束(100g)
- 豚肉(バラ薄切り肉) 200g
- 卵 2個

A
- にんにく(すりおろし) 1片分
- キムチの残り汁大さじ3(なければ水でもよい)
- しょうゆ大さじ2　●酒・みりん各大さじ1
- ごま油大さじ1/2　●だし汁(煮干し)5カップ

【作り方】

1 キムチはひとくち大に切り、にんじんは短冊切り、長ねぎは斜めに薄切り、玉ねぎは繊維に沿って薄切り、にらは5cm長さ、豚肉は3cm幅に切る。

2 鍋にAを入れてひと煮立ちさせ、①を入れて火が通るまで約5分煮る。

3 豆腐をスプーンでざっくりとすくいながら加え、卵を割り入れる。〆にご飯200g(材料外)を入れ、仕上げにとけるチーズ40g(材料外)を入れる。

〆はやっぱり
うどんを入れて
みそ煮込み風に！

カロリー(1人分)：**374**kcal　糖質：**39.4**g

お食事系 **17**

かきのどて鍋 Osusume⇒ 🍺 🍶 🍷

【材料(4人分)】

●かき (加熱用) ……………… 400g
●焼き豆腐 …………………… 300g
●春菊 …… 1束　●長ねぎ …… 2本
●しらたき …………………… 100g
●えのきたけ ………………… 1パック
A ┌ ●赤みそ …………………… 200g
　│ ●砂糖・酒・みりん …… 各大さじ2
　│ ●しょうゆ ………………… 少々
　└ ●しょうが (すりおろし) …… 1片分
●昆布 ………………………… 5cm
●うどん ……………………… 200g

【作り方】

① かきは下処理をしておく (P.52参照)。豆腐は縦半分、横8等分にする。春菊は葉を5cm長さに、ねぎは4cm長さに切る。しらたきは熱湯に通して食べやすい長さに切る。えのきは石づきを切り落としてほぐす。

② Aを混ぜ合わせて土鍋のフチにぬる。水6カップ (材料外)、昆布を入れて火にかけ、沸騰寸前に昆布を取り出す。

③ ②の土鍋に①を入れて中火にし、火が通ったらフチのAをとき入れる。〆にうどんを入れる。

市販物編

組み合わせ自由！
味が変化して
テンションUP！

122

A サワーチリポテト

カロリー（1人分）：622kcal 糖質：59.1g

Osusume⇒ 🍺🍶🍸🥃

【材料(2人分)】
- 冷凍フライドポテト ……… 300g
- 香菜 … 15g
- 塩 … 小さじ1/3
- こしょう ……… 少々
- サワークリーム … 80g
- スイートチリソース ……… 大さじ3

【作り方】
① 香菜は1.5cm幅に刻む。
② 揚げ油（材料外）を170〜180℃に熱し、ポテトを入れる。カリッと揚がったら塩、こしょうをふる。
③ ポテトが熱いうちに器に盛り、サワークリームをのせてスイートチリソースをかけ、香菜を散らす。

C 簡単餃子ラザニア

カロリー（1人分）：440kcal 糖質：25.8g

Osusume⇒ 🍺🍶🍷🥃

【材料(2人分)】
- 焼き餃子 …… 6個
- ミートソース … 大さじ4
- ホワイトソース … 大さじ3
- ミックスチーズ（ピザ用） ……… 100g
- オリーブオイル … 少々

【作り方】
① 耐熱容器にオリーブオイルを薄くぬり、餃子、ミートソース、ホワイトソースを重ね、最後にチーズをのせる。
② 220℃に熱したオーブンで10〜15分、こんがりするまで焼く。

※餃子は市販物を焼いたもの、ミートソースとホワイトソースも市販物です。

B 簡単ポテトサラダ チーズ焼き

カロリー（1人分）：326kcal 糖質：15.2g

Osusume⇒ 🍺🍶🍷🥃

【材料(2人分)】
- ポテトサラダ … 200g
- コンビーフ … 40g
- ミックスチーズ（ピザ用） ……… 大さじ4
- 黒こしょう ……… 少々

【作り方】
① ポテトサラダを耐熱皿に入れ、平らにする。
② ①にコンビーフを粗くほぐしてのせ、こしょうをふり、チーズを散らす。
③ オーブントースターで7〜8分、チーズがとろけてポテトサラダが温まるくらいまで焼く。

D 西京焼きのカレー風味

カロリー（1人分）：186kcal 糖質：7.3g

Osusume⇒ 🍺🍶🍷🥃

【材料(2人分)】
- さわらの西京漬け…2切れ
- カレー粉…………小さじ1/4
- ガラムマサラ………小さじ1/4
- 水 …… 適量
- 小ねぎ …… 1本

【作り方】
① 西京漬けはみそをぬぐってバットに置く。ボウルにカレー粉、ガラムマサラ、ぬぐったみそを入れ、ハケでぬれるくらいのやわらかさになるよう水でとく。これを魚にぬる。
② 魚の皮目を下にして魚焼きグリルに入れ、弱火で3分、裏返して3分焼く。
③ 器に盛り、小口切りにしたねぎを散らす。

楽しみ方いろいろ、ウイスキーと焼酎

〜水割りやソーダ割りだけじゃない〜

ブラックニッカ クリアで、かろやかに楽しむ

シナモンや
クローブなどの
スパイスも◎

ミントとレモンと
トニックウォーターで

氷の入ったグラスに、ブラックニッカ クリア1に対して、トニックウォーターを3の配分で入れる。カットしたレモンをしぼり入れ、ミントを加えて軽く混ぜる。

ホットウイスキーに
マーマレードを添えて

耐熱性のグラスかカップに、お湯2に対して、ブラックニッカ クリアを1の配分で入れてお湯割りを作る。約小さじ1のマーマレードジャムを加えて軽く混ぜる。はちみつに替えてもおいしい。

その他の飲み方は
こちらから

https://www.asahibeer.
co.jp/s/r-blc/

焼酎かのかで、広がる楽しみ方

すりおろし
しょうがを
入れても◎

ジンジャーエールで

氷の入ったグラスに、ライム（またはレモン）をしぼり入れ、麦焼酎かのか1に対して、ジンジャーエールを3の配分で入れ、軽く混ぜる。

ホット梅こぶ茶で

耐熱性のカップに、梅こぶ茶2に対して、麦焼酎かのかを1の配分で入れ、軽く混ぜる。ベースの梅こぶ茶は薄めがおすすめ。

その他の飲み方は
こちらから

https://www.asahibeer.
co.jp/s/r-kanoka/

4章

あと一品は "作り置き"

あと一品なにかほしいとき、さっと出せるおつまみ。
時間のあるときに作り置きしておけばひと安心。

～まずは瓶詰め容器の煮沸消毒を。あとは下処理して煮込んだら完成～

保存瓶を選ぼう！

保存瓶はしっかり煮沸消毒し、完全に乾燥させてから使用すること。具は空気が残らないように瓶の容量いっぱいに詰め、しっかりふたを閉めるように。詳しくはP.138参照。

❶

トントン

❷

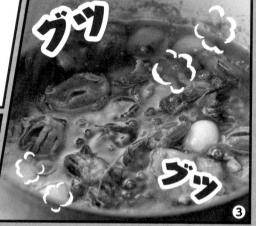

グツ

グツ

❸

♪

♪

できあがり

126

レシピは右ページ⇨

手間暇かかる料理は
時間のあるときに
作っておこう！

カロリー（1人分）：669kcal（オイル含む）　糖質：3.3g

作り置き1

ごろごろにんにくと砂肝のコンフィ Osusume⇒

【材料（作りやすい分量、約6人分）】

- 鶏の砂肝 …………… 600g
- にんにく …………… 10片
- ローズマリー ……… 2本
- タイム ……………… 2本
- オリーブオイル …… 約400ml
- A
  - 塩 ………………… 小さじ2
  - カレー粉 ………… 小さじ1
  - こしょう ………… 少々

※冷暗所で約半年保存可能。
開封後は冷蔵庫に入れ、
早めに食べる。P.138参照

【作り方】

① 砂肝は洗って水気をふき取る。2つに切り分け、厚い部分には切り込みを入れる。ポリ袋に入れ、Aを加えてもみ込む。空気を抜いて口を閉じ、冷蔵庫で半日漬け込む。

② 厚手の鍋に①を入れる。オリーブオイルを材料がかぶるくらいまで注ぎ、ローズマリーとタイムも加えて火にかける。

③ 鍋底から気泡が立ってきたら弱火にする。状態を保ちながらときどきアクを取り、45分ほど煮込む。薄皮をむいたにんにくを加え、さらに15〜20分煮込む。

④ ハーブを取り除いてから、③が熱いうちに瓶に隙間なく詰める（P.138参照）。

にんにく&しょうがの
風味が豚肉に。
お酒にもご飯にも◎

カロリー(瓶1/3分):**325kcal** 糖質:**3.7g**

作り置き②

かんたん煮豚 Osusume⇨

※冷暗所で約1〜2か月保存可能。
開封後は冷蔵庫に入れ、早めに
食べる。P.138参照。

【材料(容量500mlの瓶2本分、約6人分)】

- 豚肩ロース肉(煮豚用) ⋯⋯ 600g
- サラダ油 ⋯⋯⋯⋯⋯⋯⋯⋯ 大さじ1/2
- ウズラのゆで卵 ⋯⋯⋯⋯ 12個

A
┌ ○ しょうがの皮1片分
└ ○ 長ねぎの青い部分1本分

B
┌ ○ しょうが(薄切り)1片分
│ ○ にんにく(薄切り)2片分
│ ○ 赤唐辛子2本
│ ○ 豚のゆで汁2/3カップ
│ ○ しょうゆ2/3カップ
└ ○ 酒1/3カップ　○砂糖大さじ2

【作り方】

① 豚肉はサラダ油をひいたフライパンで、周りを焼き固めてから厚手の鍋に入れ、Aとたっぷりの水を加えて火にかける。沸騰したらアクを取り、ふたをして弱火で40分ゆでる。ねぎとしょうがを取り除き、豚肉の表面にぴったりとラップをかけて冷やす。固まった脂を取り除き、好みの大きさに切る。

② 別の鍋にBを入れて煮立たせ、①の豚肉、卵を加える。再び沸いたら弱めの中火で3分ほど煮る。

③ 瓶に②の具材を入れ、煮汁が熱いうちに隙間なく注ぎ入れる(P.138参照)。

作り置き③

カロリー(瓶1/2分):373kcal　糖質:2.5g

瓶を開けたら
すぐおつまみ♪
バゲットにのせて
ワインで!

リエット Osusume⇨

※冷暗所で約1〜2か月保存可能。
開封後は冷蔵庫に入れ、早めに
食べる。P.138参照。

【材料(容量200mlの瓶4個分、約8人分)】
- 豚肩ロース肉(ブロック) … 400g
- 豚バラ肉(ブロック) ……… 400g
- オリーブオイル …………… 大さじ1と1/2
- 塩 ……………………………… 小さじ1
- こしょう ……………………… 少々
- A { 玉ねぎ小1個　セロリ1/2本
     にんにく1片(すべてみじん切り) }
- B { 水2カップ　固形スープの素1個
     白ワインまたはロゼ(甘口)1カップ
     ローリエ2枚　ローズマリー2本
     タイム5〜6本 }

【作り方】
① 豚肉はすべて4〜5cm角に切る。

② 厚手の鍋にオリーブオイルを熱し、Aを火が通るまで炒める。①、Bを加えて強火にし、沸騰したらアクを取る。弱火にしてふたをし、1時間煮込んだらハーブ類を取り出す。

③ ②の豚肉をバットに取り出し、熱いうちにフォークでほぐす。鍋に戻し入れ、塩、こしょうで調味し、水分が少なくなるまで煮詰める。

④ 熱いうちに瓶の中に空気が入らないように隙間なく詰める(P.138参照)。

市販の漬物液を活用。
乾物のだしで
うま味さらにUP!

カロリー(1人分):120kcal 糖質:17.6g

作り置き 4

お好み野菜の簡単浅漬け Osusume⇒

【材料(2人分)】

- 切り干し大根 ……………… 10g
- 干ししいたけ ……………… 5g
- 切り昆布 …………………… 2g
- 大豆の水煮(蒸し大豆)…… 40g
- にんじん …………………… 30g
- きゅうり …………………… 40g
- 漬物液(市販品) ………… 150㎖
A └ 水 ………………………… 150㎖

※水と合わせないタイプの漬物液を
　使用してもよい。

【作り方】

① Aは耐熱容器に入れ、電子レンジで約1分加熱
　しておく。

② にんじん、きゅうりは1cm角、5cm長さに切る。

③ 切り干し大根、干ししいたけは適当な大きさに切
　る。②と昆布、大豆を一緒に瓶に詰め、Aを注ぐ。
　2時間ほど漬け込んだらできあがり。

※具材を液体に浸していれば冷蔵庫で約1週間保存可能。

カレー風味の常備菜は
あと一品にも、
お通しにも◎

カロリー(1人分)：**594**kcal(漬け込んだオイルも含む) 糖質：**2.2**g

作り置き5

なすとズッキーニのカレーオイル漬け Osusume⇨

【材料(作りやすい分量、約4人分)】

- なす ・・・・・・・・・・・・・・・ 2本
- ズッキーニ ・・・・・・・・・・・ 1本
- オリーブオイル ・・・・・・・ 大さじ2
- ┌ オリーブオイル ・・・・・・ 250mℓ
A ・ カレー粉 ・・・・・・・・・・ 小さじ1
  └ 塩 ・・・・・・・・・・・・・・・・ 小さじ2/3

【作り方】

① なす、ズッキーニは1cm厚さの輪切りにする。オリーブオイル大さじ2をフライパンで熱し、弱火でなすとズッキーニの両面をじっくり焼く。

② ①とAをポリ袋に入れ、手で軽くもんで30分以上おく。

※冷蔵庫で1〜2週間保存可能。

家のみ
グレードUP

**カレー味の
簡単
作り置き**
カレー粉、酢、砂糖、塩、ローリエ、薄切りのにんにくを混ぜ合わせ、小鍋で煮立てたタレに、ゆで卵とオクラを入れて2〜3時間漬けておけば、簡単ピクルスの完成。

保存できる
野菜おつまみは
肉のソースにも◎

作り置き⑥

カロリー(瓶1/2本分):250kcal　糖質:10.7g

※写真の鶏肉はレシピ、カロリー、糖質に含まれていません。

ラタトゥイユ　Osusume⇒ 🍺🍷🍷

※冷暗所で約1〜2か月保存可能。
開封後は冷蔵庫に入れ、早めに
食べる。P.138参照。

【材料(容量500mℓの瓶4本分、約8人分)】

- にんにく ……………………… 2片
- オリーブオイル ………… 大さじ3
- サラダ油 ………………………… 適量

A
- なす4本　● ズッキーニ2本
- 黄パプリカ2個　● 玉ねぎ中2個

B
- トマトホール缶(カットタイプ)2缶
- 水1/2カップ　● タイム5本
- ローズマリー2本　● 塩小さじ2
- 砂糖小さじ1/2　● こしょう少々

【作り方】

① にんにくは皮をむいて縦半分に切り、芯を取り除く。Aはそれぞれ食べやすい大きさに切り、なすは水にさらして水気をおさえる。

② 鍋にオリーブオイルとにんにくを入れて弱めの中火にかけ、香りが立ったらBを加え、沸いたら弱火で10分ほど煮詰める。

③ フライパンにサラダ油を2cmほど入れて熱し、Aをそれぞれ素揚げする。これをハーブを取り除いた②に入れ、2〜3分軽く煮込む。

④ 熱いうちに瓶に隙間なく詰める。(P.138参照)

パスタの具にもOK
ワインは
赤も白も
中口だね！

カロリー(瓶1/2本分)：**154kcal**　糖質：**6.1g**

作り置き7

きのこのバルサミコマリネ Osusume⇒ 🍺🍷🍷

【材料（容量300mℓの瓶3本分、約6人分）】

- きのこ(好みのもの) …… 計800g
- にんにく ………………… 3片
- 塩 ………………………… 大さじ1/2
- バルサミコ酢 …………… 1/2カップ
- 黒こしょう ……………… 少々
- オリーブオイル ………… 80mℓ
- ┌ 赤唐辛子 ……………… 2本
- A ローリエ ……………… 2枚
- └ タイム ………………… 6本

【作り方】

① しいたけ、しめじ、エリンギ、マッシュルームなどのきのこは、石づきを取り、食べやすい大きさに切る。にんにくは皮をむいて縦半分に切り、芯を取り除く。

② フライパンにオリーブオイル、にんにくを入れて弱火にかけ、香りが立ったら中火にしてきのこを炒める。きのこが油を吸ったら塩を加える。

③ ②にAを加えて軽く炒め、バルサミコ酢を加えて3〜4分、水分がなくなるまで炒め、こしょうをふる。

④ ③が熱いうちに瓶に隙間なく詰める。（P.138参照）

※冷暗所で約1〜2か月保存可能。開封後は冷蔵庫に入れ、早めに食べる。P.138参照。

かきのうま味が凝縮。
芳醇な香りの
ウイスキーと水を
1対1で割るのが◎

作り置き8

カロリー(1人分)：**529**kcal(漬け込んだオイルも含む)・糖質：**7.5**g

かきのオイル漬け Osusume⇨ 🍺🫙🍷

【材料(4人分)】

- かき ‥‥‥‥‥‥‥‥‥‥ 500g
- ウイスキー ‥‥‥‥‥‥ 大さじ2
- オイスターソース ‥‥‥‥ 大さじ1と1/2
- しょうゆ ‥‥‥‥‥‥‥ 小さじ1

A ┌ ● ローリエ ‥‥‥‥‥‥ 1枚
　├ ● 赤唐辛子 ‥‥‥‥‥‥‥‥‥ 1本
　│ 　（ヘタと種を取り小口切り）
　└ ● オリーブオイル ‥‥‥ 約1カップ

【作り方】

① かきは下処理しておく（P.52参照）。フライパンにかきを入れ、から炒りをして水分を飛ばしたらウイスキーをまわしかける。

② 全体にツヤが出てきたらオイスターソース、しょうゆを加えて味をつける。水気がなくなるまで炒るように煮含める。

③ 瓶に人肌に冷めたかきをAとともに漬ける。

※冷蔵庫で約2週間保存可能。開封後は早めに食べる。P.138参照。

缶詰で簡単調理！
ちょこっとつまむ
和風リエット

作り置き⑨

カロリー(1人分)：140kcal　糖質：2.7g

※冷蔵庫で約1週間保存可能。P.138参照。

さばのリエット　Osusume⇨ 🍷🍷🍷

【材料(4人分)】

- さば缶 (水煮、140g入り) … 1缶
- えのきたけ ……………… 70g
- にんにく ………………… 1片
- ディル …………………… 3〜4枝
- 白ワイン ………………… 大さじ2
- 西京みそ ………………… 大さじ1
- 塩 ………………………… 少々
- オリーブオイル ………… 大さじ1

【作り方】

① さばはザルにあけて汁気を切り、粗く刻む。えのきとにんにくはみじん切りにする。

② フライパンにオリーブオイルをひき、にんにくを入れて弱火で熱する。さばとえのき、塩を加えてほぐしながら炒める。
全体に火が通ったら白ワインと西京みそを加え、炒め煮して水分を飛ばす。

③ ②に刻んだディルを加えてなじませる。
※バゲットにのせて食べてもおいしいです。

135

だしを取ったあとの
昆布を有効活用。
焼酎のお供にぴったり

作り置き10

カロリー(1人分)：**52**kcal　糖質：**7.0**g

昆布の酢じょうゆ漬け Osusume⇨

【材料(4人分)】

- 昆布 (だしを取ったあと) ⋯⋯ 15g
- 長ねぎ ⋯⋯⋯⋯⋯⋯⋯⋯ 1/2本
- にんじん ⋯⋯⋯⋯⋯⋯⋯ 1/4本
- 赤唐辛子 ⋯⋯⋯⋯⋯⋯⋯ 1本

A
- ごま油 ⋯⋯⋯⋯⋯⋯ 大さじ1/2
- しょうゆ ⋯⋯⋯⋯⋯ 大さじ1
- 酢 ⋯⋯⋯⋯⋯⋯⋯⋯ 大さじ1
- みりん ⋯⋯⋯⋯⋯⋯ 大さじ1

【作り方】

① 水約1ℓに浸けてひと晩おいてだしを取ったあとの昆布を使う。キッチンペーパーでぬめりを取り、細いせん切りにする。

② ねぎは縦に半分にして斜めにせん切りに、にんじんは細切りにする。唐辛子はヘタと種を取り除き、小口切りにする。

③ ボウルにAを合わせて①と②を入れて混ぜ合わせ、30分ほどおいて、味をなじませる。

※冷蔵庫で約1週間保存可能。P.138参照。

冷蔵庫にチーズが残っていたら、ぜひ!! ひと味違う楽しみを

カロリー(瓶1/2本分、漬け込んだオイルも含む):519kcal 糖質:1.5g

作り置き11

チーズのハーブオイル漬け Osusume⇨

【材料(容量150mlの瓶約2本分)】

- チーズ (好みのもの) ……………… 計100g
- ドライトマト ………………………… 5g
- オリーブ (ブラック、カクテル) ……… 各4粒
- A ┌ ドライハーブ ……………………… 小さじ1/2
  │ (バジル、オレガノ、タイム、ディルなど)
  └ 黒こしょう (ホール) ……………… 8粒
- B ┌ オリーブオイル …………………… 約100ml
  └ ひまわり油 (またはサラダ油) …… 約100ml

【作り方】

① パルミジャーノ、ブルーチーズ、モッツァレラなどのチーズは、食べやすい大きさに切る。ドライトマトは細かく刻む。

② 煮沸消毒した瓶にチーズ、ドライトマト、オリーブ、Aを入れる。

③ ②にBのオイルを半量ずつ注ぎ入れ、ふたをして冷蔵庫で保存する (P.138参照)。

※クラッカーにのせて食べてもおいしいです。

※具材がオイルに浸しておけば、冷蔵庫で約1～2週間保存可能。開封後は早めに食べる。P.138参照。

作り置き
保存の注意

保存の仕方を間違えると、腐敗の原因になる。
正しい保存方法を覚え、
安心して食べられる作り置きをしよう。

瓶を煮沸消毒する

① 瓶とふたは中性洗剤できれいに洗う。

② 鍋に瓶とふたを入れ、かぶるくらいの水を入れて火にかける。

③ 沸騰したら2～3分加熱する。鍋底に布巾をしいておくと、煮沸時に瓶がカタカタとする音を防げる。

④ トングなどを使って瓶とふたを取り出し、網などの上にふせて置き、完全に乾燥させる。水分が残っていると腐敗の原因になる。

隙間なく詰める

① 具材や煮汁などが熱いうちに、瓶の中に空気が入らないように、隙間なく（容量の95%くらいまで）詰める。温度差で瓶が割れるのを防ぐために、あらかじめ瓶を少し温めておくとよい。
※火傷に注意。

② 瓶の口が汚れていたらキッチンペーパーなど清潔なものできれいにふき、ふたをしっかり閉める。

③ 詰めたあとに瓶の周りが汚れていたら、洗剤で洗い、お湯で洗い流して水気をふき取る。

開封後の注意点

開封前は冷蔵庫での保存が基本だが、料理によっては冷暗所で保存できるものもある。ただし、開封後は必ず冷蔵庫で保存し、早めに食べるようにすること。全部食べない場合は、清潔な箸やスプーンで取り出し、雑菌が入らないようにする。

※本書で紹介しているレシピの保存期間は、上記の方法で正しく保存した場合の目安です。

家のみ時間を楽しもう
〜いろんな味わい、お酒風味のノンアルコール〜

おうちに限らずお酒を楽しむときは、空腹の状態を避け、ちゃんとおつまみを食べながら、適量飲酒を。おつまみを食べながら飲むことで、血中アルコール濃度の急激な上昇をおさえられ、酔いの回りを軽減することができる。

また、体内でのアルコールの分解には個人差があるので、無理をせず、「もう1杯飲みた〜い！」というときには、ぜひノンアルコールビールテイスト飲料やノンアルコールサワーテイスト飲料にチェンジし、気分そのままにお楽しみを！

アサヒ
ドライゼロ

アサヒ
スタイルバランス
香り華やぐ
ハイボールテイスト

アサヒ
スタイルバランス
レモンサワー
テイスト

お酒を飲む日が
続いているときや、
翌日が早いときにも
ノンアルコール飲料は
おすすめ！
体にやさしく、楽しい
気分を味わえます♪

ビールに近い
味わいのほか、
ハイボールテイスト、
サワーテイストなど
いろいろ
楽しめちゃう！

盛り上げ
レシピ

甘味物 編

果物やスイーツを
ちょいアレンジで
テンションUP!

A

B

C

D

 コールスローみかん

カロリー(1人分):**212**kcal 糖質:**10**g

Osusume⇒

【材料(1人分)】
- みかんの缶詰 ……………… 8ふさ(36g)
- コールスローサラダ …… 100g
  （マヨネーズ味）
- ドライパセリ ………………… 適量

【作り方】
① みかんの缶詰を冷やしておく。

② ①を半分にちぎってコールスローに入れ、混ぜ合わせる。パセリを散らす。

焼きいもチーズ

カロリー(1人分):**175**kcal 糖質:**26.3**g

Osusume⇒

【材料(1人分)】
- 焼きいも ………………… 70g
- クリームチーズ ……… 18g
- 黒こしょう ………………… 適量

【作り方】
① 焼きいもは皮をむいて1cm角に切り、クリームチーズも同様のサイズに切る。

② ①をボウルに入れて混ぜ合わせ、こしょうをたっぷりかける。

お饅頭のひんやりおつまみ

カロリー(1人分):**304**kcal 糖質:**46**g

Osusume⇒

【材料(1人分)】
- 饅頭 ………………………… 2個
- 粉山椒 ……………………… 適量

【作り方】
① 饅頭を冷凍しておく。

② ①を器に盛り、粉山椒をつけながらいただく。

マシュマロカナッペ

カロリー(1人分):**155**kcal 糖質:**25.8**g

Osusume⇒

【材料(1人分)】
- マシュマロ …………………………………… 4個
- ビターチョコレート ……………………… 9.3g
- クラッカー（塩気のあるもの）…… 4枚
- インスタントコーヒー …………… 適量

【作り方】
① クラッカーの上にマシュマロ、チョコレートを順にのせたもの、マシュマロの天面を水でぬらしてコーヒーをふりかけたものを準備する。

② ①をオーブントースターで、マシュマロがふわ〜っと膨らみ、ほんのり色づくまで焼く。

食材別索引

本書で具材として使用している材料からレシピを検索できます。
薬味や添え物などは除外しています。

肉類

牛肉 —— 64、65、66、106、108、112、119

鶏肉 —— 59、60、61、62、63、91、92、126

豚肉 —— 50、53、54、55、56、57、58、107、110、111、120、128、129

肉加工品

コンビーフ —— 16、46、67、84、122

サラミ —— 15

チャーシュー —— 13

生ハム —— 12

ベーコン —— 28、52、70、88

ランチョンミート —— 14

魚介類・海藻類

あさり —— 96

いか —— 32、36

えび —— 107、114

かき —— 52、118、121、134

かつお —— 35

からふとししゃも —— 93

昆布 —— 130、136

サーモン —— 33

さわら —— 123

たこ —— 34、41

ほたるいか —— 95

まぐろ —— 46

魚介加工品

いかの塩辛 —— 37

オイルサーディン —— 44、94

かまぼこ —— 38

さきいか —— 72、100

さば缶 —— 43、46、90、135

塩昆布 —— 30

ちくわ —— 25、39、98

ちりめんじゃこ —— 42、99、100

ツナ —— 17、18、24、98

とろろ昆布 —— 38

はんぺん —— 19、40

辛子明太子 —— 40、77

野菜・豆類

アスパラガス —— 64

アルファルファ —— 43

枝豆 —— 24

大葉 —— 19、28、32、67

オリーブ —— 94、137

キャベツ —— 20、21、66、91、108、109

きゅうり —— 18、19、28、46、130

クレソン —— 75

ゴーヤ —— 17

ごぼう —— 82

小松菜 —— 22

こんにゃく —— 79

さつまいも —— 85

ししとう —— 12、117

じゃがいも —— 58、73、75

香菜 —— 43、122

春菊 —— 121

しらたき —— 121

新しょうが —— 55

ズッキーニ —— 84、131、132

セロリ —— 20、129

空豆 —— 80、114

大根 —— 54、65、130

大豆 —— 130

玉ねぎ —— 23、24、57、58、64、66、75、91、108、114、116、120、129、132

豆苗 —— 25、46

トマト —— 132、137

長いも —— 70

長ねぎ —— 13、59、83、90、92、107、109、110、112、115、119、120、121、128、136

なす —— 131、132

にら —— 91、106、107、111、120

にんじん —— 20、108、120、130、136

白菜 — 83
パプリカ — 132
ピーマン — 108、112、116
ほうれん草 — 118
ミニトマト — 37、53、113、116
みょうが — 19
もやし — 35、56、111
大和いも — 72
れんこん — 81、117

きのこ類

えのきたけ — 76、77、113、121、135
エリンギ — 118、133
しいたけ — 76、130、133
しめじ — 76、133
まいたけ — 76
マッシュルーム — 88、133

大豆加工品

厚揚げ — 78
豆腐 — 120、121
納豆 — 36、99

漬物

梅干し — 32、38
ザーサイ — 13

高菜漬け — 78
たくあん — 98
白菜キムチ — 18、36、41、79、97、120

果物・木の実（ナッツ類）

アボカド — 33、41、74
くるみ — 100
ピーナッツ — 110
みかん — 140
ミックスナッツ — 100、117
りんご — 15

乳製品・卵

カッテージチーズ — 22
カマンベールチーズ — 100
クリームチーズ — 10、12、15、30、31、37、140
ゴルゴンゾーラチーズ — 74
卵 — 10、14、46、56、67、92、97、107、114、120、128
とけるチーズ — 40
パルミジャーノ — 137
ブルーチーズ — 137
ミックスチーズ — 83、91、94、99、104、113、115、116、122
モッツァレラチーズ — 45、97、137

その他

うどん — 108、109、121
柿の種 — 100
餃子 — 104、122
餃子の皮 — 106、107
クラッカー — 42、140
コールスローサラダ — 140
ご飯 — 117、118、119
食パン — 113、114
せんべい — 31
中華麺 — 110、111、112
チョコレート — 140
春雨 — 106
フライドポテト — 122
ポテトサラダ — 122
マシュマロ — 140
饅頭 — 140
餅 — 115、116
焼きいも — 140

監修　　**アサヒビール株式会社**

アサヒビールはスーパードライを中心としたビール類をはじめ、洋酒、焼酎、ワイン、缶入りチューハイのRTDなどの総合酒類や、アルコールテイスト清涼飲料を製造・販売しています。各カテゴリーでお馴染みのブランドや差別性の高い新商品を展開し、酒類の多様な楽しみ方を提案しています。既存の酒類市場の在り方にとらわれず、新たな発想でお客様のための価値や新市場創造を追求することで、グループのミッションである"期待を超えるおいしさ、楽しい生活文化の創造"を目指しています。

編集	若狭和明、市道詩帆(スタジオポルト)
デザイン	東京100ミリバールスタジオ
写真	田中秀和、中山エイミー晶子
イラスト	なかむらるみ
撮影協力、カバー料理製作	タカハシユキ
校正	聚珍社
カロリー・糖質計算	食のスタジオ、一般社団法人NS Labo(栄養サポート研究所)

アサヒビールの ズバうま！おつまみ

監修者	アサヒビール株式会社
発行者	池田士文
印刷所	大日本印刷株式会社
製本所	大日本印刷株式会社
発行所	株式会社池田書店
	〒162-0851 東京都新宿区弁天町43番地
	電話 03-3267-6821(代)／振替 00120-9-60072

落丁、乱丁はお取り替えいたします。
©K.K.Ikeda Shoten 2020, Printed in Japan
ISBN978-4-262-13058-3

20000011